国家出版基金项目
NATIONAL PUBLICATION FOUNDATION

唐宋官私工業

鞠清遠◎著

山西出版傳媒集團
山西人民出版社

圖書在版編目(CIP)數據

唐宋官私工业 / 鞠清远著. -太原: 山西人民出版社, 2014.11
(近代名家散佚學術著作叢刊 / 許嘉璐主編)
ISBN 978-7-203-08798-4

Ⅰ. ①唐… Ⅱ. ①鞠… Ⅲ. ①工業經濟-經濟史-研究-中國-唐宋時期 Ⅳ. ①F429.042

中國版本圖書館CIP數據核字(2014)第234714號

唐宋官私工业

主　　編　許嘉璐
著　　者　鞠清遠
責任編輯　梁晉華

出 版 者　山西出版傳媒集團·山西人民出版社
地　　址　太原市建設南路21號
郵　　編　030012
發行營銷　0351-4922220　4955996　4956039
　　　　　0351-4922127(傳真)　4956038(郵購)
E-mail　sxskcb@163.com　發行部
　　　　　sxskcb@126.com　總編室
網　　址　www.sxskcb.com

經 銷 者　山西出版傳媒集團·山西人民出版社
承 印 廠　山西出版傳媒集團·山西人民印刷有限責任公司

開　　本　700mm×970mm　1/16
印　　張　13.5
字　　數　90千字
印　　數　1—3000冊
版　　次　2014年12月　第1版
印　　次　2014年12月　第1次印刷
書　　號　ISBN 978-7-203-08798-4
定　　價　30.00圓

《近代名家散佚學術著作叢刊》編委會

出版說明

近代名家散佚學術著作叢刊選取一九四九年以後未再刊行之近代名家學術著作共一百二十册，編例如次：

一、本叢書遴選之著作在相關學術領域具有一定的代表性，在學術研究方向、方法上獨具特色。

二、爲避免重新排印時出錯，本叢書原本原貌影印出版。影印之底本皆經專家組審定，原書字體大小，排版格式均未做大的改變，原書之序言、附注皆予保留。

三、本叢書分爲八大類，以作者生卒年編次。

四、爲使叢書體例一致，本叢書前言後記均采用繁體字排版。

五、個別頁碼較少的版本，爲方便裝幀和閱讀，進行了合訂。

六、少數學術著作原書内容有個别破損之處，編者以不改變版本内容爲前提，部分進行修補，難以修復之處保留缺損原狀。

七、原版書中個別錯訛之處，皆照原樣影印，未做修改。

八、所選版本之抽印本頁碼標注，起始至所終頁碼均照原樣影印，未重新編排標注新頁碼。

由於叢書規模較大，不足之處，殷切期待方家指正。

總序／

披沙瀝金，以爲鏡鑒

◇許嘉璐

多年來有一個問題始終在我腦中盤桓：爲什麼在十九世紀末到二十世紀初，在短短的幾十年裏，中國的各個學術領域竟涌現了那麼多大師級的人物？這是中國近代史上一個極爲重要的現象，我認爲，如果不能給出令人滿意的答案，我們撰寫的近代學術史將是不完整的，甚至是缺乏靈魂的。後來我知道，著名人類學家克羅伯曾提出過一個問題：爲什麼天才成群地來？看來這種現象的出現並非中國所獨有，思考其所以然的也大有人在。而在那一次世紀之交中國的情況，似乎應驗了「天才成群地來」這個令克氏久久不解的疑問。錢學森先生曾從相反的方向提出了相同的疑問：爲什麼我們這個時代出現不了杰出人才？後來人們稱這個問題爲「錢學森之謎」。

要回答這些疑問不是件容易的事。與其迅速地囫圇地探尋，不如先多了解那些讓中國近代學術（應該包括人文科學和自然科學）史上閃耀着光輝的大師們的作品和自述，從而在腦海里盡量「復原」他們所處的環境和在那種環境下的心理路徑，從中或許可以得到一些啓示。

有一點是顯然的，這就是他們雖然都已遠離塵世而去，但是他們獨立思考的品性、求知治學的真誠、困厄窮愁中對節操的堅守，恐怕是他們共同的主觀因素，一直影響到現在，而且將會永遠留存下去。

就思想界、學術界而言，二十世紀上半葉是一個新説和舊説碰撞，中學和西學融匯的大時代。那時的學人極爲重視言行操守，同時具備現代知識分子的理想信念；他們的學術研究十分純净，絶少功利因素；他們的視界開闊，以包容的心態和嚴謹的風格造就了成果的大氣與厚重。至於在客觀因素一面，他們實際是在用工業化時代的事實解説着太史公所説的名山之作「大抵聖賢發憤之所爲作」，困厄苦難使得他們「皆意有所鬱結」。這種鬱結，幾乎和個人的名利毫無牽涉，他們永遠不能釋懷的，是民族的存亡、國運的興衰、民衆的福禍和文脈的續斷。

那個時代也是近代歷史上最大規模的中西古今學術調適、創新的時期，學術方法上的交互滲透和融合、創新亦可謂「於斯爲盛」。斯時之學人是要在封閉的屋墻上鑿出窗子的勇士，是使人能够看看外部世界的第一批導夫先路者；或者可以説，他們是在「意有所鬱結」時「彷徨」和「吶喊」的「狂人」。

相對於那時的哲人們，後來者是幸運兒。現在的形勢是，近三十年來學界空前繁榮，衆多學科有了長足之進，其中很重要的一點是學界有了更新穎、更廣闊的國際視野，似乎接續上了百年前的學壇盛事。但細想想，「古」與「今」還是有差別的。其异，主要不在於世界情勢、學術進展、工具改善這些客觀存在，而在於在廣泛吸收各國優長的同時，自身文化的主體性越來越受到重視，換言之，「拿來主義」已經延長了「拿來」的程序，加上了試用、甄別、篩選、吸收、融合、成長。就我孤陋所見，在當今地球上，面向所有異質文明，努力汲取我之所缺，其範圍之大和心態之切，似乎無出中國之右者。從這個角度説，我們已經超越了前輩。但是事情還有另外一面，學術，特別是人文學科，其職業化、「沙龍化」和功利性，以及隨之而來的浮躁病却嚴重了。從這個角度説，是不是我們已經後退得够可以的了？而這是不是我們這個時代出不了大師的原因之一呢？

民國學術界的特點之一是極爲注重對傳統的反省、批判與繼承。他們對傳統文化盡最大的努力進行整理和研究。一方面，由於戰亂頻仍，民不聊生，學者們擔起了讓中華文化薪火相傳的歷史責任；另一方面，他們要通過對中國傳統文化的整理、挖掘來重振民族自信心。這一時期對傳統文化進行整理的全面而深入是前所未有的，舉凡文字學、語言學、經濟學、法學、哲學、政治制度、書法繪畫、金石學……規模之宏大，研究之精微，令人嘆爲觀止。

民國學術推動了現代學科體系的建立。在對傳統文化整理和研究的基礎上，吸收西方的文化思想和理念，推動和建立了中國現代學科體系。例如，在對語言文字和音韻學成果進行整理、研究的基礎上開始着手規範之，建立了國語學；深入研究書法、國畫，將其融入了現代美術學科；在廢除舊有學制後逐步建立起小、中、大學較完整的科目和學科體系。

民國學術也改變了傳統學術方式，建立了新的研究範式。以現代科學考古爲發端，科研的實踐和成果使中國知識界真正認識到在實驗、比較基礎上的邏輯分析對學術研究的重要，推進了中國學術的一大演變。至於我們常說的打破士大夫傳統、走出書齋到田野鄉村和市民中進行調查研究、結束了經學時代、以歷史眼光檢視儒學和諸子等等，都是確立新學術範式的努力。這一轉變，也標誌着中國學術界脱胎换骨，全面進入了現代，爲此後的學術發展奠定了堅實的基礎。當然，西方啓蒙運動以來，在「現代性」和「現代化」裏潛伏着的缺陷和謬誤也傳到了中國，這些不能不在前哲的著作裏留下痕迹。這並不奇怪。類似的情況，古往今來孰能免之？猶如今天的我們，誰敢自稱我之所見就是永恒的真理？在這個問題上兩個時代所異者，或許就在昔時大家創立新説或譯註西學著作，往往是懷着對學術和前哲的敬畏而爲之，故而常常誤不在我；當今則往往出於對學問和他人的輕蔑，或以所研究的對象爲謀己的工具，因而難辭主觀之咎吧。翻閲他們的心血之作，這些復雜的狀況可以顯見，可以視之爲我們的一面鏡子。

滄海桑田，世事變幻，歷史的動盪和時代的遮蔽，使當年許多大師的一些極有價值的學術著作被棄於故紙堆中，不能不令人有遺珠之憾。爲此，山西人民出版社不惜以數年之艱辛，披沙瀝金，編輯出版這套近代名家散佚學術著作叢刊，凡一百二十册，計文學、史學、政治與法律、美學與文藝理論、民族風俗、宗教與哲學、經濟、語言文獻共八大類别。所選皆爲作者之純學術著作，無論是其見解、精神，抑或是其時代烙印，都是後輩學人可資借鑒的寶貴財富。他們出版這套叢書，意在讓世人不忘來程，知篳路藍縷之不易，爲民族文化的傳承再增薪木。

出版社的初衷，與我近年來所思所慮近似，故願略述淺見於書端，以與策劃者、編輯者和讀者共勉。

二〇一四年七月六日

改定於自安東回京途中

前言／精神、历史与事实

◇樊綱

中國古代不乏有趣和重要的經濟思想，但是就形成知識體係的理論或「學説」而言，中國現代經濟學的發展是從嚴復一九〇一年引進翻譯出版英國人亞當·斯密的國富論（一七七六）（當時譯爲原富）開始的。就是説，是從學習西方開始的。也屬於一個落後國家學習與追趕發達國家過程的一個組成部分。

從原富出版（以至更早時期天演論的翻譯和出版），到辛亥革命前後至五四運動時期，中國應該説是發生了第一次思想解放的進程，也就是中國的啓蒙運動，學習研究西方發達國家的科學技術、政治社會理論和人文思想，進入了一個新的時期。在大約半個世紀的時間裏，「大師」成批地出現，進入了一個學術研究的繁榮時期。除了大量翻譯西方的著作，中國人自己的經濟學研究力量也逐步形成，並逐步運用現代的理論和方法，來研究中國的社會、中國的經濟，用現代方法進行的實地調查研究，也多有發生。雖然有連續不斷的內戰和抗日戰爭，學術研究卻仍在繼續，陸續出版了許多專著和論文。我們這些在「文化大革命」後才進入學術領域的後人經常會好奇：那麽一個戰亂的時代，那些前輩怎麽還在做研究？怎麽還能做研究？每當看到一本那個時代出版的泛黄的「故紙」，一定是仰慕之情油然而生。

也許正是因爲戰亂，因爲當時的落後與貧窮，許多著作出版了，又散落了。有的没有得到應有的傳播，有的研究被打斷，無法産生大的影響。現在山西人民出版社將一些不大爲人所知和没有再印的散佚經濟學著作收集出版，既是拯救，也是發揚。用現在的眼光看，有的著作也許「淺顯」，但這些著作的價值和從中我們可以學到的，其實首先在於以下的一些東西：第一是精神，那種不求世俗功利，出自好奇心在亂世中探索真理的風骨；第二是歷史，我們中國人的思想史，我們現在學的這些東西是如何從外面舶來而在中國的土壤上生根和發展的；第三是事實，是那一輩學者在艱苦的環境下記録下來的當時和以往的事件與史料，這些已經不可復得，但却是我們在研究近現代中國經濟發展的整個進程時不可或缺的。

一代人有一代人的使命，也有一代人的局限。翻閲古籍，令我們思考我們能爲這個國家、這個民族、這個世界留下哪些遺産，我們的後輩將如何評價我們？

二〇一四年八月二十一日 寫於深圳

作者簡介

鞠清遠，中國二十世紀三十年代「食貨派」學人中專攻社會經濟史的學者。有唐宋官私工業、唐代經濟史、劉晏評傳、唐代之交通、唐代財政史等五部著作。鞠清遠雖然研究中國社會經濟史的時間不長，却爲我國社會經濟史學科的發展作出了開拓和奠基的貢獻。

唐宋官私工業目次

第三章　私工業的組織……五一

第四章　私工業成品銷售方式及流動資本之考察……八〇

第六章　工業的行會……………一六六

第一章　研究的動機、範圍與態度

中國研究社會史的人們，在移植外國理論的時節，在急於『成一家言』的時節，都往往只粗疏地，朦混地，將輪廓描畫出來，對於社會內容與實際情況，多不作精細的研究。社會史論戰的結果，除去呈現出一些外國理論的差別，和對於中國社會史的輪廓的個別見解以外，使人對於實際的、各時代的、個別問題的實況，仍然不能明白。

我們知道，要明瞭中國社會史的全體，必須先明瞭各時代，各個問題的眞相。由某時代的各個問題的綜合研究，方能描畫某時代的眞面目。由相連的幾個時代的特殊問題的比較研究，方能明瞭某一特殊問題的進化的實況。明瞭了各個特殊問題演化的眞象以後，方能估定兩個，或幾個相連的時代的眞價値。

本着上述的信念，使我們注意到特殊問題。

在特殊問題中，生產關係問題，自然是最基本的。在生產關係中，自然可分爲兩方面，農業的與工業的。

農業問題的中心，是土地問題，換句話說，就是土地所有形式問題，這在中國出版界中，已有幾本土地制度的著作。這顯然是近幾年來的新傾向，新成績。

工業問題中，技術問題，自然也很重要。但是我們愧非專家，並且記錄也很少，所有的較詳細的記錄，已晚至明末。我們不想討論這個專門的問題。

工業經營形式，及其內部分工與對外的關係，方是我們研究的中心。關於時代，我們選擇了唐宋。這種選擇，只是研究的便利，將來如果可能，我們也想對各時代，都研究一下。選擇的時候，並無任何成見或信念。

在研究的時節，我們首先注意到官工業。一方面，由於材料容易搜集，一方面，也由於相信，官工業不能超越了一般的社會條件。在官工業研究中，我們將特別注意於官業勞動者。因爲這種研究，可使我們明瞭官工業內部的剝削關係，並且，也可指明一般社會進化的程度。

私工業的研究，自然也注意到剝削關係，只要材料允許我們，我們就盡量的研究。經營形式、成品銷路與流動資本的考察，更是我們注意的中心。由經營形式的研究，可使我們明瞭私工業的本質。成品銷路，使我們明瞭工業界與社會的關係，流動資本的考察，更使我們明瞭工商界的連繫之密切與否。

同時，對於工業種類與產地，由於我們想明瞭工業內部專門化的程度，及工業對於經濟界的影響，與龐大的中國，各區域發展的一般狀況，所以我們也要研究一下。

社會分業的結果，必然要有一部份從事工業的人們，所以對於工業界的組織，作坊的及工匠的組織，我們都要研究，我們要注意到牠們演化的痕跡與組織的作用。

我們不想預有成見。我們不預擬唐宋的社會形式，我們不預擬唐宋時代的工業的任何情況，我們儘量排比事實。在事實、例證允許我們的範圍內，我們尋繹結論，我們尋繹關於工業的各方面的結論。在尋繹結論的時節，將特別注意到比較，與搜求演化的痕跡，我們希望我們得出的結論，對於唐宋的社會研究，能有所貢獻。

第二章 官工業的組織

唐宋的官工業，多隸於少府、將作、軍器三監。唐代的少府監，統有中尙、左尙、右尙、染織、掌冶五署，及諸冶、鑄錢等監。將作監，統有左校、右校、中校、甄官等署，及百工、就谷等監。軍器監，則時置時廢，統有弩坊官署、甲坊署（並見新唐書百官志）。宋代的少府監，則統有文思院、染院、裁造院、文繡院、綾錦院。將作監則統有修內司、東西八作司、竹木務、事材場、麥䴷場、窰務、丹粉所等等，軍器監則統有東西作坊、作坊物料庫、皮角場（並見宋史職官志）。

以上爲隸於三監的工業機關。此外隸於內庭，及各部的工業機關，亦頗不少。如唐代之掌醢署、良醖署（新唐書百官志），『宮中供貴妃院，織錦刺繡之工凡七百人』（舊唐書后妃傳），宋代之造船務、內酒坊（宋史太祖本紀）、御前軍器所等等。至於散處各地之官工業機關，除掌冶、鑄錢等監外，宋代則『織麗之物，則在京有綾錦院，西京、眞、定、靑、益、梓州場院，主織錦綺、鹿胎、透背。江寧府、潤州有織羅務，梓州有綾綺場』。『湖州織綾務』（宋史食貨志）。『器甲之制，諸州皆有作坊』（宋史兵志）。唐代散處各地之官工業，掌冶、鑄錢以外，雖史無明文，然據元氏長慶集內之奏彈劍南東川節度使狀，有『所收貲財、奴婢，悉皆破用及配充作坊驅使』，可見各地，多有作坊。更據『每歲於西川織造綾羅錦八千一百六十七匹，令數內減二千五百十匹』（舊唐書敬宗本紀），『晏初議造船，每一船用錢百萬……乃置十場於揚子縣，專知官十人，競自營辦。後五十餘歲……』（唐語林卷二）；『李德裕節度西川，請甲人於安定，弓人河東，弩人浙西，蜀兵器皆犀利』（玉海二五一），以及武德於江西置陶務（江西通志陶政），玄宗於勾容置銅器場（洞天清錄集），正可見唐代散處諸州的官工業機關，當亦不少也。

以上僅就官工業之所屬機關，及分佈地點，作概括的觀察，至於分類，及所在地之詳細討論，當俟諸第五章。現在，試先對其工廠組織、勞動者、及原料來源與成品銷路，加以一般的觀察。

一、工廠組織

此處所欲研究的工廠，當然無近代術語『工廠』的意義，惟吾人亦將就其一般情形，而略加論述。

唐宋官工業的工廠，或工作場所，名目極繁。宋代則多尙沿襲，無何急劇的變更。有名爲院者：

『宮中供宮妃院，織錦刺繡之工凡七百人。』（舊唐書后妃傳）

『同光年……見霞彩可人，命染院作霞樣紗。』（淸異錄）

『文思院、染院、裁造院、文繡院、綾錦院。』（見前）

『置弓弩院……造箭院，弓弩造箭院。』（玉海二五一）

『元豐六年……始建錦院於府治之東。』（蜀錦譜序）

有名爲作坊者：

『諸作坊，造坊並停。』（舊唐書肅宗本紀）

『伏以內置作坊，工巧得入宮闈之內。』（前書姚班傳）

『高宗紀，儀鳳六年八月，停南北中尙梨園作坊。』（玉海一七一）

「太祖初卽位，以魏丕爲作坊副使。開寶九年……九月，分作坊爲南北。」

（前書二五一）

有名爲作院者：

「蜀先主又於作院，見匠人……。」（北夢瑣言卷十二）

「更於諸州作院，差撥兵士入所者。」（玫瑰集論軍器所冗費）

有名爲坊者：

「綾錦坊巧兒八十三人」（新唐書百官志）

「宋會要曰：唐有氈坊，毯坊使，五代合爲一使，宋朝因之……又曰，唐有酒坊使，宋朝初加內字，後去之。」（事物紀原卷四）

「內酒坊火，酒工死者三十餘人。」（宋史太祖本紀）

有名爲庫者：

『國子監書庫官……掌印經史羣書，以備朝廷宣索，賜予之用，及出鬻而收其直。』（歷代職官表卷卅四引山堂考索）

『交引庫……專印造茶鹽鈔引』（夢粱錄卷九）

有名爲務者：

『幸造船務』（宋史太祖本紀），『幸南造船務。』（太宗本紀）

『西窰務蒿聚焚。』（宋史太宗本紀）

『潤州有織羅務……湖州織綾務。』（宋史食貨志）

『唐武德四年，陶玉獻假玉器，由是置務。』（江西通志卷九三，陶政）

有名爲場者：

『晏初議造船……建十場於揚子縣。』（見前）

『梓州有綾綺場。』（宋史食貨志）

有名爲局者：

『熙寧五年，作坊造斬馬刀……五月，命置局造數萬口。』（玉海一五一）

『造會紙局，在赤山湖濱……安溪亦有局。』（夢粱錄卷九）

有名爲作者：

『金銀作……漆作。』（唐六典戶部諸司直項下註云）

「按新唐書百官志少府監項下註有「金銀作坊院」，意應以「金銀作」爲逗。坊、院之上，皆有脫文，或則僅係列舉工廠名稱也」

以上所舉各名，已足見其繁複之一斑。他如『八作』，據事物紀原云：『續事始曰：唐玄宗置內八作使。宋朝會要曰：舊八作，太平興國二年分東西。馮鑑又引李肇國史補云，玄宗開元末所置使，有內八作使。』新唐書百官志少府監項下，有內作使，無內八作使。惟宋代之八作司，隸將作監，將作監掌土木工程，宋史亦云東西八作司，掌營城、太廟、繕修之事。唐代卽有『內八作』，恐性質亦或與宋代不同，『內作使綾匠八十三人，內作巧兒四十二人』（新唐書百官志），『金銀作，漆作』（見前），『內作老玉工』（太平廣記霍小玉傳），恐皆在內八作統率之下也。

× × ×

唐宋之官工業，以需要之繁，故內部分工，亦頗詳密。除統屬工廠之官吏外，內部分工情形，可由下述各條，窺見一斑：

『凡織紝之作有十（註：布、絹、絁、紗、綾、羅、錦、綺、繝、褐）。組綬之作有五（註：組、綬、絛、繩、纓）。紬線之作有四（註：紬、線、絃、網）。練染之作有六（註：靑、絳、黃、白、皁、紫）。』（唐六典卷廿二）

『宋次道東京記說八作司之外，又有廣備攻城作，今東西廣備，隸軍器監矣。其作凡十一目，所謂火藥、青窰、猛火油、金火、大小木、大小爐、皮作、

廠作、窰子作是也』。（墨史上卷）

『呂汲公大防，始建錦院，榜曰錦官。公又爲之記其略云：設機百五十四，用挽綜之工百六十四，用杼之工五十四，練染之工十，紡繹之工百一十。』（蜀錦譜序）

『蘄春鐵錢監……用工之序有三：曰沙模作，次曰磨錢作，末曰排整作。』（游宦紀聞卷二）

『模沙冶金，分作有八；刀錯、水瑩、雕局爲二』（韶州新置永通監記，金石萃編續編卷十四）

由上述各條，可見『作』，爲工廠內部分工之特定工作室，觀於江西通志所載之清御器廠之分作，當更確信其無誤也。

『清御器廠……爲作廿三：曰大碗作、酒鐘作、碟作、盤作、鐘作、印作、鏇作、船木作、小木作、大木作、泥水作、甎作、色作、寫字作、畫作、雕鑾作、竹作、漆作、索作、桶作、染作、東碓作、西碓作……。」（卷九十三，陶政）

總之，唐宋官工業之內部分工，已至極完備的程度了。

×　×　×

吾人於此，更願明瞭唐宋時代之工廠建築。關於唐代，苦無材料可證。所有之材料，只屬宋代，玆述如後：

「郡有故堞，號爲西州遺址，高平宛出郛外。乃相厥土，墨則食焉……凡棟宇之制，管庫之嚴，詢於故實，斷以心匠。模沙、冶金、分作有八；刀錯、水瑩、離局爲二。並有門鑰，斥有提防；由其中局，控以廳事。誰何警察，目無逃形。其鉛錫之備用，薪炭之兼蓄，別歲異室，布於兩序，出納謹密。前爲大閎，冶官別署，於閎之南；羣工屯營，於垣之外。……爲屋八百楹。」（金石萃編，前引文）

『元豐六年，呂汲公大防，始建錦院於府治之東……創樓於前，以積藏待發之所……織室、吏舍、出納之府，爲屋百七十間。』（蜀錦譜序）

『三年，幸西綾錦院，命近臣觀織室機杼。』（宋史太宗本紀）

由上所述，可見工廠中之工作室、倉庫，工廠管理人之辦公處、住室，及工人之宿舍，已極詳備。宋代工廠建築，已完備如斯，則在宋前之唐代，在工廠建築方面，當亦相差不遠也。

× × ×

唐宋時代，對於官工廠之工人生命，多加以注意，有醫藥的設備。唐六典卷六，關於官奴婢條云：

『有疾，太常給其醫藥，註云：其分番及供公解戶，不在給限。』

唐代的官奴婢，多有配諸將作、少府監者，故亦可謂對於工人有醫藥的設備。蓋六典註所云的限制，只是對於分蕃的官戶，及供公解戶；至於一般丁匠、兵士及官奴婢，則官府嚴密的注意其疾病。有時，如官吏不負責，法律上，且規定下一定的處罰。唐律疏義卷廿六，雜律云：

『諸丁匠在役，防人在防，若官戶奴婢，疾病，主司不爲請醫藥救療者笞四十，以故致死，徒一年。』

宋代官府有和劑局之設，亦時有命各司備辦醫藥之詔令：

『本司，每歲攻率分錢以備醫藥。』（宋史食貨志）

甚或短期工作，亦有醫藥的設備。且統工之官，亦往往以役者死亡較少，作爲歌功頌德之根據。如：

『凡役兵匠九千七百四十有四……於是其藥食至覆藉之具，無一不備。仍分處太醫，各俾診治，日且躬行巡視，由是病者千七百餘人，而不可治而死者，

蓋亦百釐之一二。』（永泰陵採石記金石萃編一四二）

『晨起爲麋粥，煑藥……』（宣仁后山陵採石記，前書一四〇）

二 勞動者

唐宋官工業的勞動者的人格與徵集方法，隨社會組織的變化，而前後微有不同。換言之，卽隨兩代之兵制與賦役制之變化，而有所不同也。一般說來，則兩代之官業勞動者，唐爲輸役之匠，而宋則招募之匠也。茲先言唐代。

唐代的工匠，據新唐書百官志云：

『凡工匠以州縣爲團，五人爲火，五火置長一人。』

可見工匠，平時卽有組織。惟此種組織，恐非出於自動，而爲官方強迫履行，以便於徵役者也。官工業徵役工匠之標準，如六典註所述者：

『少府監匠一萬九千八百五十人。將作監匠一萬五千人，散出諸州，皆取材力強壯，技能工巧者，不得隱巧補拙，避重就輕。其驅役不盡，及別有和雇者，徵資佈輕貨，納於少府、將作監。其巧手供內者，不得納資。有闕，則先補工巧業作之子弟。一入工匠後，不得別入諸色。其和顧鑄匠，有名解鑄者，則補正工。凡計工程者，夏三月與秋七月爲長功，冬三月與春正月爲短功。春之二月、三月，秋之八月、九月，爲中功。其役則依戶部式。』（卷七）

由上可見官業工匠，多爲高手匠人。因彼等每年按蕃上直，唐代特名之爲短蕃匠，工匠就役於官，爲一定義務。若官方驅役不盡，或別有和雇，則未役者，法應納資。工匠遞補之方式，先爲工匠之子弟。（註）

（註）如東都官錦坊之織錦人，即自云『世隸東都官錦坊』，見太平廣記及全唐詩、織錦人條。

惟由上文看來，役匠以外，尚有和雇之工匠。不過『別有和別雇』，徵嫌模糊，『和雇鑄匠』，又嫌孤證。茲另舉數證，以證明唐代和雇人匠之舉，已不罕見。

『永徽五年……築京師羅郭，和雇京兆百姓四萬一千人，版築三十日而罷。』（舊唐書高宗本紀）

『天寶十二年，十月，和雇京師丁戶一萬三千人，築興慶宮牆，起樓觀。』（前書玄宗紀）

『丞相夏侯公爲宣宗山陵使，有司妙選陵，雖山形外正，而蘊石中頑。丞相銜命，以豐價募丁匠，開鑿皇堂。』（闕史貞陵開山條）

以上爲土木工程和雇丁匠之例。

『內作判官韋倫，請厚價募工，繇是役用減而鼓鑄多。』（新唐書食貨志）

『李德裕節度西川，請甲人於安定，弓人河東，弩人浙西，蜀兵器皆犀利。』

（玉海二五一）

『募』與『請』，當卽和雇之異名。

和雇匠中，固不乏短期應募之匠人，惟長期應募者，當亦不少。李德裕招請之甲人、弓人、弩人，固其例證，新唐書之『長上匠，州縣率資錢以酬雇』者，亦差近之矣。

新唐書將作監項下，又有『明資匠二百六十人』。初時頗疑與長上匠爲同類異名之和雇工匠。惟六典河渠署屬下，有『長上魚師十人，明資魚師一百廿人』。可見長上與明資，尚有區別。區別何在，俟論工資時，再詳加討論。（註）

（註）辭源續編釋『長上』云『官名，（通鑑晉安帝隆安二年）寶至至連長上段速骨宋赤眉等，因衆心憚征役，遂作亂。（註）凡衞兵皆更番迭上，長上者，不番代也，唐官制，懷化執戟長上，歸德執

戟長上，皆武散階九品，長上之官尚矣。」

按通鑑注極確，辭源釋爲官名誤，六典卷五兵部有

『凡應宿衞官，各從番第，諸衞將軍、中郎將、郎將，及諸衞率、副率、千牛備身、備身左右、太子千牛、幷長上……諸色長上，若司階、中候、司戈、執戟、並五日上、十日下……長人長上，每日上，隨仗下』，此外卷廿三，河渠署有長上魚師十人，卷廿五，左右監門衞，有長人長上廿人，直長長上廿人。

由上述諸節，可見『長上』絕非官名。『長上』之中，有二等，若司階得五日上，十日下，而長人長上，則每日上，隨仗下。已與不番代之說相近，若夫長上匠，當不能若司階之『上下』，恐與長人之『上下』相似也。以故，『長上匠』，可釋長期應役之匠人。

× × ×

唐代官工業勞動者，除上述之短蕃匠、和雇匠、長上匠、明資匠外，尚有官

奴婢，前已略言之矣，茲更論其詳：

『官戶，皆在本司分番。每年十月都官按比，男年十三以上，在外州者十五以上，容貌端正者，送大樂。十六以上，送鼓吹少府教習。有工能官奴婢亦准此。業成，準官戶例，分番。』（唐六典卷六註）

『番戶，一年三番；雜戶，二年五番；悉皆一月，十六已上當番。請納資者聽之。其官奴婢長役無番也。』（同前）

官戶本身，分爲三級，卽官奴婢、番戶、雜戶是也。彼等役於官工業之番數，亦因之而別。惟亦得納資而不上番，則與一般工匠相同也。官奴就業之實例，如下：

『今所居東宮……財帛日費，土木不停，窮斤斧之工，格磨礱之妙。且丁匠官奴入內，比者曾無伏監。此等或兄犯國章；或弟罹王法；往來御苑，出入禁

闌，鉗鏧緣其身，槌杵在其手。」（舊唐書卷廿八于志寧傳）

官奴婢之外，又有刑徒，六典云：「其應徒，則皆配居作」，註云「在京送將作監，婦人送少府監縫作。」（卷六刑部）

「陵井，縱廣三十丈，深八十餘丈。益部鹽井甚多，此井最大，以大牛皮囊盛水引出之，役作甚苦。以刑徒充役，有祠蓋井神。」（元和郡國志卷三十三，陵州仁壽縣項下）

×　×　×　×　×

唐代官工業勞動者之人格、類別，既皆已敍述，吾人將進而研究其數目問題。六典註云：

「少府監匠一萬九千八百五十八人，將作監匠一萬五千人。」

新唐書百官志云：

『少府監……短蕃匠五千二十九人，綾錦坊巧兒三百六十五人，內作使綾匠八十三人，掖庭綾匠百五十人，內作巧兒四十二人，配京師諸使雜匠百廿五人。……將作監……短蕃匠一萬二千七百四十四人，明資匠二百六十人。』

兩相比較，新唐書之數目，皆少於六典。大概六典之數字，爲玄宗時代之數字，而新唐書所據之數字，或前於，或後於玄宗，故未若是之多也。

上述數字中之最令吾人注意者爲短蕃匠。短蕃匠之數目，爲各蕃總數，抑爲每蕃之數，頗應推究。如係總數，則據六典之『凡丁歲役二旬』推之，全年應約分爲十八蕃。按新唐書之數目推之，則每蕃少府有二百七十餘人，將作有七百餘人。以此數目，分配於統有極繁複之機關之二監，恐不敷分配。（註一）並且唐代官匠，雖云取材力強壯，工能技巧者，以龐大之中國，似亦不至僅有此數之高手匠人也。若係每蕃之數，則少府之後備匠人，應有九萬餘人，將作監應有廿二萬餘人。（註二）上述數字，如只爲材力強壯，工巧之匠人，則唐時，中國的工業從業員中，再加以平凡的工匠、及官奴、蕃戶，總數當在五十萬左右也。唐代戶口，當開元天寶間最盛時，不過九百餘萬戶，如工匠已將及四五十萬，則已約佔全戶口之二十分之一矣。

（註一）例如，玄宗時宮中供貴妃院，即有七百餘人。

（註二）明代之輪班匠之性質，與唐之短蕃匠相同，明會典記錄的輪班匠的數目，單士元先生，即認爲是『常備匠』之額數。（見中國營造學社彙刊四卷一期，明代營造史料）

× × × × ×

吾人於此，極願順便研究工匠休假情形。據六典云：刑徒，『每旬給假一日，臘，寒食，各給二日』，『官戶奴婢，元日，冬至，寒食，放三日假。產後及父母婚喪，放一月，聞親喪，放七日』（卷六刑部註）。以上爲官戶與刑徒之假例，至於自由民之工匠，則無休假明文，想當在官戶與刑徒以上也。大概各節，及應有之假，已成爲一般習慣，稍違定例，遂有下述之例外事件：

『築台夫，每日三千官健，寒食之節，不蒙放出，怨恨。把器仗，三千人一時銜聲。皇帝警怕，每人賜三疋絹，放三日假。』（入唐求法巡禮行記卷四）

這大概可視爲勞動者武裝抗爭的較古的紀錄罷！

× × × × ×

唐代官業勞動者的工資問題，據六典卷六刑部註云：

『（官戶）四歲以上爲小，十一以上爲中，二十以上爲丁。春衣每歲一給，冬衣二歲一給，其糧則季一給。丁奴春頭巾一，布衫袴各一件，皮鞾一量，幷氈。官婢春給裙衫各一，絹褌一，鞵二量，冬給襦複袴各一，牛皮鞾一量，幷氈。十歲以下，男春給布衫一，鞵一量；女給布衫一，布裙一，鞵一量：冬，男女各給布襦一，鞵鞋一量。官戶長上者准此。其糧丁口日給二升，中口一升五合，小口六合。諸戶留長上者，丁口日給三升五合，中男給二升。』

由上可見官奴婢，官府皆供給被服與糧食。長上官戶之食糧，且較一般官奴婢爲高。則從事官工業之官奴婢，所得之被服與食糧，當亦不能成爲例外也。

至於『長上』、『明資』匠之工資，則史無明文。惟六典戶部項下云：『流外長上者，外則給兩口糧』之例，或可推及於官業的又匠，亦未可知。更據六典云：『諸州匠人長上者，則州率其資納之，隨以酬雇』(卷廿三)，及新唐書云：『長上匠，州縣率資錢以酬雇』看來，則酬雇長上匠之工資，當與若彼等不應役而納資之資數，有連帶的關係。

六典云：『丁歲役二旬，無事則收其庸，每日三尺(布加五分之一)』，長上匠工資之額數，如折成現物，恐當在每日三尺絹左右也。但工匠之納資，據上引二段，皆不能認爲是現物。蓋六典云：『徵資市輕貨』，則資當爲貨幣也。新唐書之『資錢』，固已明示其爲貨幣矣。關於『納資』之『資』，吾人尚有採取貨幣形式之其他例證。據六典註云：

『其防閤、庶僕、白直、士力納課者，每年不過二千五百文，執衣不過一千文。』（卷三）

『官奴婢……附貫州縣者，按比如平民，不番上。歲督一丁資爲錢一千五白。』（新唐書百官志刑部）

上述爲應役於官衙之普通人之納課及官戶納資，採取貨幣形式之例證。則工匠之納資爲貨幣，非獨例也。由此，吾人得知長上匠之工資，實爲貨幣。但『州率其資納之，隨以酬雇』之『其』字，似非長上匠本人（註一）。吾人認爲上述一語，至少應與下述明代之例相似：

『官造一器……所積之工，在城市者爲首。環四鄉之工匠，以銀幫貼焉，不幫貼，則稟官差役拘之。』（衢州政事志國書集成考工典一四〇）

（註）這一句，似亦可釋爲州府代中央出工資，而工資之數，卽與匠人應納之資相等的意思。

由上例推論之，則唐代長上匠所得之工資，爲因彼長上，而其他得以不番上之工匠之納『資』，與明代之『幫貼』，當極相似。『率資錢』、『率其資納之』者，當爲官府代收『幫貼錢』。由此，而吾人明瞭『長上匠』與『明資匠』的區別。長上匠，爲受同輩幫貼之匠，其工資不『明』，而『明資匠』，則公開承受官府之工資者也。明資匠之工資，當與和雇匠類似，多爲貨幣。對於唐代之貨幣工資，吾人亦有數證：

『楚爲山陵使，縱吏于翬刻下，不給工徒價錢，積留錢十五萬貫爲羨餘以獻。』（舊唐書穆宗紀）

「京兆府戶曹參軍韋正牧，專知景陵工作，刻削廚料充私用。計贓八千七百貫文。」(同前)

「料錢」，卽食料改爲貨幣後的名稱。(見通攷) 上文刻削之料錢，當卽貨幣工資也。惟唐代官業從工業員，在工資以外尙給與食糧，前舉之「流外長上者，外則給兩口糧」，及所謂「廚」者，皆糧也，將作監主簿「掌……凡官吏之申請糧料、俸食，務在假使」(六典卷廿三)，「俸食」，循例爲官吏之俸食；糧料，則流外人之糧料也。統唐一代，俸食糧料，初皆爲現物，後漸改爲貨幣與米二色。

不過，唐代官業，亦有不供膳食者。故韋應物采玉行云：

「官府徵白丁，言采藍溪玉，絕嶺夜無人，深榛雨中宿，獨婦餉糧還，哀哀舍南哭。」(唐文粹卷十六)

『貞觀……戴冑諫曰……從役者，責其糇糧，盡室經營，多不能濟。』（唐會要卷三十洛陽宮條）

總括說來，官工業中之勞動者的工資，官戶爲現物的被服與糧食，長上匠爲幫貼錢及食糧，和雇匠與明資匠，爲糧料。惟唐代開元時，俸食，已有全改爲貨幣者，（註）恐工匠之糧料，亦或由二色，而變成單一的貨幣工資，亦未可知。至於短蕃匠，則恐既不能受糧，又不得受『料』也。及乎唐末，蕃匠漸少，募匠漸多，則長上、明資、短蕃諸匠之差別，與工資之差別，恐皆將泯滅矣。

（註）『禁林讌會集引李昉云……昉頃在禁林，前後出處凡二十有五載，不逢今日盛事者有七……月俸並給現錢。』唐會要九一，開元廿四年，百官料錢條云：『一品三十一斤，月俸八千，食料一千八百，防閤二十千，雜用一千二百文……』

× × ×

唐代之官工業勞動者之種種，顧自此爲止，不再討論，茲將進究宋代。前面已說過，宋代官業工匠，多爲雇募而來，茲舉例以證之：

『蘄春鐵錢監……鑪鞴本錢四可鑄十，鐵炭稍貴，六可鑄十，工雇費皆在焉。』（游宦紀聞卷二）

『兵匠有闕，隨緩急以招募。』（宋史職官志）

『立酒匠闕……闕則募人以充。』（宋史食貨志）

『募私鑄人，一爲官匠……。』（同前）

『且募天下良工，散爲匠師……。』（古今圖書集成戎政典卷二六五）

『始建錦院於府治之東，募軍匠五百人織造。』（蜀錦譜序）

宋代之兵制爲招募，匠亦爲招募，故軍匠、兵匠，常混爲一，末條卽其明證，惟亦有屬於軍事方面的兵匠。

『可令諸州有作院去處，多募役兵，漸次打造。』（朱子大全集卷廿與曾左司事目劄）

（子）兵匠、軍匠，沿襲至元，遂有下列事件：

『淮湖廣行省咨，造作局院軍匠，元係亡宋都作院人匠，見行成造常課生活，及供給交趾軍器……前項軍匠，已有定到常課工程，即與常調官人不動，若將上項人匠，差撥充軍，誠恐有違造作。』（元典章卅四造作軍人，休敎出征）

但宋代在招募的工匠以外，亦有徵役之事，故有所謂『當行』之說，『免行』之錢，茲舉例證之：

『當用四千人，期以兩月。而京師匠者，十無一二，餘悉取於諸路。議者患其回遠，不能以時至，蓋開山之日，始有來者，三百六十四人而已。』（金石萃編一三四，宣仁后山陵採石記）

『集七路匠人與陪役之兵。』（前書一四二，二陵採石記）

『匠人多係遠鄉農民，追呼騷擾，離家失業。』（朱子大全集前引文）

應役於官，爲匠者所畏，故愧郯錄京師木工條云：

『今世郡縣官府，營繕創締，募匠應役，凡木工，率計在市之樸斲規矩者，雖居鍥枝，無能逃。平日皆籍其姓名籍差以俟命，謂之當行。間有幸而脫，則其儕相與訟挽之不置，蓋不出不止也，謂之糾差。其入役也，苟簡純拙，務閟其技術，使人之不己知。務夸其工料，使人之不願用，而極其斥且畢，謂之官作。』（卷十三）

匠人視官府徵役爲畏途，及鬼混的情形，上文已可見一斑。惟官府徵役，似非不給工資者，上文之『募匠』，及『務夸其工料』，已足以顯示爲給與工資者。夢粱錄亦云：

『然雖差役，如官司和雇，支給錢米，反勝於民間僱倩工錢，而工役之輩，則歡樂也。』（卷十三團行條）

蓋官府之徵役、差使，或爲白差，或爲和雇，應役之時，工匠不得而知。給價與否，頓成疑問。卽云給價，事後亦或任由官吏之魚肉，故匠人視爲畏途也。

但宋代官工業之勞動者中，亦有官奴婢：

『詔裁造院女工，及營婦配南北作坊者竝釋之。』（宋史仁宗紀）

『罷湖州織羅，放女工。』（同書太宗紀卷四）

營婦，卽官奴婢也。

由上述各節，使吾人得知宋代官工業之勞動者，多爲招募而來。官府徵役，則給價與否，事先不得預知，要皆以和雇爲本也。官奴婢，則以女工爲多。

× × ×

由前引之夢粱錄所云，使吾人得知宋代和雇工匠，有錢、米之支給，且或比民間雇倩工錢爲多。至於官府徵役，則往往官備飲食，如宋代陵墓採石諸記所述者，當即其例也。

關於宋代官工廠之勞動者之工資，分爲錢、米二項，吾人之證，爲軍器廠工匠之例，並將與當時軍人之糧料，比較觀察之：

「本所萬全指揮，及東西作坊，見役五千七百餘人，歲支錢二十九萬緡，約米四萬餘斛……更於諸州作院，差撥兵士入所者，又一千餘人，歲支錢八萬餘緡，米約九千餘斛。」（玫瑰集卷廿六論軍器所冗費）

「其添招禁軍三百八，每年合用糧五千四百石，料錢八百六十四貫文省，春冬衣絹一千三百五十四，紬一百五十四，綿四千五百兩，衣錢七百六十五貫。」（朱子大全集卷廿乞住招軍買軍器罷新寨狀）

由上述二條相比，使吾人得知軍人得糧較匠人爲多，而料錢較薄，但每人究年得幾何，於上述二條，亦可約略推出，玆不累述。吾人將更介紹一日錢，月米之例：

「（靖康間）御前軍器所軍器監萬全軍匠，以三千七百爲額；東西作坊，以五千爲額外，復增給日錢百七十，月米七斗半。」（圖書集成戎政典二六六）

惟工資支給，雖分錢米二項，亦有時將米糧，改爲錢者，據宋史食貨志云：

「酒匠、役人，當受糧者，給錢。」

此外，更有一特殊例證，頗饒興趣，如下：

「募私鑄人，令赴官充鑄錢官匠，廣爲營室，許其一家之人，在營居止，不必限其出入，官給以物料，盡其一家人力鼓鑄，計其工直，率十分中，支若干分數，免其工價，又可收私鑄人在官。」（文獻通攷貨幣攷）

宋代官業工匠休假之例，約如下述：

『景德四年，詔鼓鑄錢刀，素有程限，特示矜寬，自今五月一日，至八月一日，止收半功……十二月，令鑄匠，每旬休假一日。』（宋史食貨志）

『蘄春鐵錢監，五月至七月，號爲鐵凍，例閣』（游宦紀聞卷二）

× × ×

宋代官業，及各州縣、都城工匠數目，無具體記錄，茲摘述數則於下：

『（靖康間）御前軍器所軍器監萬全軍匠，以三千七百爲額，東西作坊，以五千爲額。』——（圖書集成戎政典二六六）

『本所萬全指揮，及東西作坊，見役五千七百餘人……更於諸州作院，差撥兵士入所者，又一千餘人』。（玫瑰集，論軍器所冗費）

兩條合併觀察之，可見南宋官造兵器軍匠，常在七千至九千人之間，諸州作院，尙不在內。

『官造會紙局……見役者，日以一千二百人耳。』（夢粱錄九）

『始建錦院於府治之東，募軍匠五百人織造。』（蜀錦譜序）

『蘄春鐵錢監……日役三百人。』（游宦紀聞）

『今三十六治，治各百餘人。』（蘇軾徐州上皇帝書）

『詔被山帶海，雜產五金……慕利而至者，不下十萬。』（金石萃編）

『起鐵冶其居旁……有衆五百人。』（桯史）

由第三例推證，宋代鑄錢廿六監，用匠當在七八千人之譜。至於州縣工匠數目，亦可由朱子大全集與曾左司事目劄子推出。

『本軍……打造……鐵甲……兩日造一副，昨已打造一百五十副……計用官鐵匠一萬八千。』

上數加以計算，每日實用六十八。宋代一軍，約等於近今之一縣，一縣內抽差鐵匠六十八，已使匠人離家失業，追呼騷擾，可見宋代州縣鐵匠，爲數亦或不多也。

至於宋都城行戶工匠數目，見第六章。惟武林舊事記有小經紀一百餘種，並云各有數十人專藉以爲衣食之資，亦可見貧困的匠人，都市中，爲數亦不少也。

× × ×

以上既將唐宋兩代官工業之勞動者之人格、與工資、及休假等等，約略論述完畢，茲將進而研究工人中之特殊問題。吾人已知唐代有所謂『巧兒』，『上奉』等等匠人，率以技術高妙，而超出羣外，然彼等與一般工匠，尚無若何影響。此處所欲研究者，乃工頭問題。唐宋二代，固無工頭一詞，但亦有其相等的名詞。

『垂拱四年造明堂，懷義充使督作，凡役數萬人，置號頭。號頭一囒，千人齊和。』（舊唐書薛懷義傳）

『鐵匠作頭林明投白紙，當廳供係本州差在教場內，打造軍器……』（朱子大全集卷十九，按唐仲友第四狀）

『作頭曰都匠』（書敍指南吏胥包役條）

作頭、號頭，卽今日之工頭也。柳宗元之梓人傳，卽彼輩之速寫也。

「其後，京兆尹將飾官署，余往過焉。委羣材，會衆工，或執斧斤，或執刀鋸，皆環立嚮之。梓人左執引，右執杖而中處焉。量棟宇之任，視木之能舉，揮其杖曰斧，彼斧者奔而左。顧而指曰鋸，彼執鋸者趨而右。俄而斤者斲，刃者削，皆視其色，俟其言，莫敢自斷者……既成，書於上棟曰，某年某月某建，則

其姓字也。凡執用之工不在列。』（唐文粹十六）

此種作頭，役於官府時，『受祿三倍』，『作於私家，吾收其直太半焉』，則儼然一包工也。不過見之於書册者，此種人物，亦有不名爲作頭，或號頭者。

『治平中，予令岳州，巴陵州，有岳陽樓，樓上有石，刻謝仙火三字，其序述慶曆中，華容縣，一日晦冥震雷，已而殿柱有此……吳興德清新市鎮覺海寺，殿柱宏壯，其碑云皆唐時所建，巨木髹漆，積久剝落，見倒書迹曰：謝均李約收利火十餘字……孫積中因曰，夫伐木於山者，其火隊既衆，則各刻其名，以爲別耳……』（塵史中卷）

『近歲秀州華亭縣，亦因雷震，有字在天王寺屋柱上，亦倒書云：高洞楊鴉一十六人火仐章，凡十一字，內仐章兩字，特奇勁，似唐人書體。』（夢溪筆談卷廿一）

麐史釋『火』爲『火隊』極確。但唐時明有『工匠以州縣爲團，五人爲火。五火置長』之說，則火亦爲平時組織。上述之謝均、謝仙、楊鴉，或均爲『火令』、『火長』，在工作時節，亦或卽『作頭』也。唐時官業中，有『百工、就谷、庫谷、太陰、伊陽』五監．以伐木爲職（見大典卷廿三）；宋代西京亦有採柴務（宋史卷十），按上例伐木火隊有令之例推之，則五監屬下，『火令』、『火長』，當亦不少，彼等能否如梓人傳之梓人，『受祿三倍』，則不可知矣。

總括說來，唐代之火，在平時，或卽爲抽差工匠，徵收資錢，以酬長上匠而設，而在工作時，卽爲工作隊也。惟上述三例，祗限於伐木者，他種工業中，是否亦有『火隊』之組織，『火令』之設，則材料缺乏，未敢加以臆斷也。

× × ×

此外，吾人尚欲討論官工業中之學徒問題。

按照唐宋兩代官業工匠之徵集方式，似無需乎學徒制度。惟官府工作，較之一般工業，更爲複雜，精緻。故學徒一過程，仍不能免。宋代之學徒制度，則書籍不載，難知其詳。只王雱疏云：『募天下良工，散爲匠師』（圖書集成戎政典二六六），使吾人得知宋代官工業，亦有匠師，則學徒之存在，自在意中也。惟宋代一切，多取沿襲，唐代學徒制度，沿襲至宋代，亦爲意中之事。玆只研究唐代。

據六典，唐代官工業學習制度如下：

『凡教諸雜作工業，金銀銅鐵鑄錫，鑿鏤錯鏃，所謂工夫者，限四年成；以外限三年成，平慢者限二年成，諸雜作有一年半者，有九月者，有三月者，有五十日者，有四十日者。』（卷三十二註）

新唐書百官志新記較詳：

『細鏤之工，教以四年；車輅樂器之工，三年；平漫刀稍之工，二年；矢鏃竹漆屈物之工，半焉；冠冕弁帽之工，九月。。。教作者傳家技，四季今丞試之，歲終以監試之，皆物勒工名。』

教作者，當卽師傳，彼輩與受教者，當與一般工匠不同，惟工資方面的差別，則書籍不詳，不可考矣。

三　原料來源及成品銷路

唐宋兩代官工業之原料來源，姑不論其供給機關，只論其採辦方式，約可分爲四類：貢賦、和買、征榷、官自採辦。以下將分別述之。

一、貢賦——唐代貢賦中之爲工業原料者，頗爲繁多，玆據六典，摘述如下：『麻、野馬皮、蠟、石英、漆、熟靑、熟綠、石膏、絲、綿、膠、金、鋼、鐵、芒硝、支紅花、烏漆、鳥獸之角羽毛皮革、火麻、犀角、水銀朱砂。』（戶部）

宋代歲賦之物，略述如下：絲棉、布葛、金銀、銅鐵、齒革翎毛、竹木、油、漆、蠟、炭……（宋史食貨志）

二、和買——和買一事，在宋代甚爲盛行，實際上，已近於變相的稅賦。唐代亦有和買之舉，唯名目或不同耳，玆舉例如後：

將作監之右校署，『掌版築、塗泥、丹堊，匽廁之事，有所須，則審其多少而市之。』（新唐書百官志）

『天下有銅山，任人采取，其銅官買。』（續通典卷十一）

宋代和買之例，除見諸正史者外，玆舉數例：

『初郡之銅山，五歲共市七萬；前太守潘一歲市百萬，及欒公繼之，乃市三百萬，明年又倍之。』（金石萃編續編卷十四韶州新置永通監記）

『市材於山，市甓於陶……林木六千，資於連山，釘十萬，出自冀陽，餘悉

督辦於韶之境。』（同前）

『蘄春鐵錢監……鑪鞴本錢四可鑄十，鐵炭稍貴，六可鑄十。』（游宦紀聞卷二）

末條之『鐵炭稍貴，六可鑄十』，則官業鑄幣成本，隨原料、燃料之市價而變化者也。更可見原料，皆由市買而來。

和買之跡近強徵，而引起禍亂者，如

『方臘家有漆林之饒，時蘇杭置造作局，歲下州縣徵漆千萬斤，官吏科率無藝。』（獨醒雜志卷七）

三、征榷——亦即商稅，與礦山稅。宋代將作監屬下有『竹木務……抽算諸河商販竹木，以給內外營造之用』，『簾泊場……掌抽算竹木蒲葦，以供簾泊內外之用』（宋史職官志）已足見征榷商貨之一般。總括兩代，關於商稅之徵取，機關繁複，就商貨抽算，收取現物者，頗爲不少，茲不能詳述。僅舉礦山稅之一二例證：

『饒州……銀山，每歲出銀十萬兩，收稅山銀七千兩。』（元和郡國志卷廿八）

『徙知興州，州舊鑄鐵錢，用功多，人以爲苦。公乃募民有力者，弛其山，使自爲利，而收其鐵租以鑄，悉罷役者，人用不勞。』（歐陽修集卷廿六簡肅謝公墓誌銘）

四、官自採辦——前述之例，即宋代官自役人採鐵之例，官府旋又罷之，而收鐵租。此外例證，則唐代之將作監屬下之『百工、就谷、庫谷、斜谷、太陰、伊陽監，監各一人，掌采材木。』（新唐書百官志）

『大中祥符間……大興……道宮、玉清、昭應之建，丁謂爲脩宮使，凡役工日至三四萬。所用有秦、隴、岐、同之松嵐石；汾陽之柏；潭、衡、道、永、鼎、吉之梌、枏、櫧；溫、台、衢、吉之檮；永、澧、處之槻，樟、潭柳；明、越之杉；鄭、淄之青石；衡州之碧石；萊州之白石；絳州之斑石；吳、越之奇石；洛水之石卵；宜、聖、庫之銀朱；桂州之丹砂；河南之赭土；衡州之朱土；梓、信之石靑、石綠；磁、相之黛；秦、階之雌黃；廣州之藤黃；孟、澤之槐華；虢州之鉛丹；信州之土黃；河南之胡粉；衞州之白堊；鄆州之蚌粉；兗、澤之墨；歸、歙之漆；萊蕪、興國之鐵。其木石，皆遣所在官，部兵民入山谷伐取。又於京師，置局化銅爲鍮，冶金薄，鍛鐵以給用……』（容齋三筆卷十一）

上文已足以示明官自採辦建築原料之宏闊的工作，且亦可示明，宋代建築工程，所需用之高等材料之產地也。吾人不憚詳錄之用意，亦在此。

總上所述，已可約略窺見唐宋時代官工業，收取原料之諸種方式。他如在沿海口岸，及邊疆互市地點，所得之原料，當亦不少。惟較諸國內所產者，自相形見絀，且其品種，亦多屬諸奢侈品一類也。

唐宋官工業之成品（建築工程除外），多爲供給皇室私用，及宣賜內外臣民，或供給軍需之用。至於貨幣、紙幣，則供度支，船舶供運輸及軍事。但亦有出賣者，宋國子監書庫官所印之書，即其一也。(註) 兩宋時代，對外屈服，歲歲貢入遼金之貢品，當亦為官工業成品之一種銷路也。總之，銷路問題，事涉繁碎，吾人只約略指示大綱，詳節及例證，則不勝枚舉，為篇幅起見，不得不捨之也。

(註) 五代會要卷十六。太府寺項下云：『㪷每隻省司支作料錢三百五十文，依除官賣九百文，八十陌。秤每量支作料錢二百三十五文，依除官賣六百三十文，八十陌……

第三章　私工業的組織

唐宋兩代間，社會無何劇烈的變化，只是循序的，漸進的演化下去，在私工業一方面，也採取演化的形式。有時，則簡直無何變化，只是開張之店肆，規模漸大；而不能開業，受雇於人，或轉爲小經紀，或遊離的工匠，日日加多而已。

關於唐宋兩代的私工業，就材料所允許的範圍內，約可分爲作坊工業、工廠手工業、莊園及寺院工業、家庭工業、雇傭工匠五項，逐一加以討論。

一 作坊工業

作坊工業，大概是唐宋兩代最盛行的形式，武林舊事云：

『都民驕惰，凡買賣之物，多與作坊行販已成之物，轉求什一之利。或有貧而願者，凡貨物盤架之類，一切取辦於作坊，至晚始以所直償之，雖無分文之儲，亦可糊口。』（卷六）

南宋之末，作坊工業，已盛行如上述，致引起士大夫之感歎。由南宋上溯，此種工業，散見於唐宋册籍中者，亦頗不少。惟名目繁雜，易致誤會。總括說來，此種工業、有名爲作坊者，有名爲坊者，有名爲作者，有名爲舖者，有名爲店者。玆列舉如下：名爲作坊者，

『皇建僧舍傍，有餻作坊，其盛不可言，主人由是大有金帛，入貲爲員外

官，蓋顯德中事也。……因初尙襲舊業……都下人呼爲花糕員外。』（清異錄）

『先呼作坊餅師至。訊之曰：……』（春渚紀聞，卷四，宗威愍政事）

其名爲坊者，

『唐文德……鉅鹿郡南和縣，街北有紙坊，長垣悉晒紙。』（三水小牘，上）

『有刁蕭者，攜一鏡，包碧體囊，背有字曰：碧金仙，大中元年銅坊長老白九峯造。』（清異錄）

『糖坊中人，盜取未煎蔗液盈盌啜之。』（同前）

『余出使至磁州鍛坊，觀鍊鐵……』（夢溪筆談三）

其名爲作者：

『繡巷，卽師姑繡作居住。』（夢華錄三）

『金銀打鈒作，裹貼作。』『並諸作分，打鈒鑪鞴，紛紜無數。』（夢梁錄）

其名爲舖者：

『余在翰苑，以油衣漸故，遣吏市新者。回云馬行街油作舖目錄，入朝避雨衫，芭蕉袴一副二十貫。』（清異錄）

『盤門繫纜高橋住，呼僮徑訪孫華舖。』（南湖集卷二詩見後）

其名爲店者：

『余家染店。』（夢華錄三）

『於務前餅店，以四錢買胡餅二枚。』（默記）

總之，名目雖繁，而『作坊』、『坊』，爲極通行之名稱。大概唐代，『坊』較盛行，五季至北宋，則作坊盛行。故兩代官工業工廠，亦往往採用『作坊』、『坊』二名。（見第二章）唐代薦頭行，稱爲『傭作坊』，北宋初年，且謔稱妓館，爲烟月作坊（清異錄）。及乎南宋，則承北宋之故，『舖』漸通行（參閱夢粱錄，夢華錄）

上文既將名詞，分晰清楚，吾人將進而研究『銅坊長老』之『長老』、『作坊餅師』之『餅師』、『餻作坊主人』之『主人』三者，究係何種人物，在作坊中，居何等地位。

根據物勒工名之原則，與梓人傳中，所述勒名方式，吾人可知『銅坊長老』，實即銅坊之作頭。不過，在一般小作坊工業中，多數的作頭，實即作坊主人，與師傅。故『長老』一詞，當係主人與師傅之異詞。

『作坊餅師』，直與官府交涉，則餅師必然可代表作坊。且夢華錄云：『凡餅店……每案用三五人，按劑，卓花，入爐。』由此推測，則餅師，或即作坊主人而兼爲師傅者。

『餻作坊主人』，既納貲爲員外官後，仍襲舊業，似亦一餻師也。(註)太平廣記四〇六馬文木條引聞奇錄云：『鳳翔知客郭璩，其父曾主作坊』之主，疑係管理之意。如作坊非官業，而爲私人營業，則『主作坊』者，或即資本家雇傭之經理人也。

（註）程史卷六，以鐵冶反叛之江革，即『又一在荊橋，使里人錢某秉德主其事』，當亦經理人也。

總括看來，『長老』、『師』、『主人』，當係同質之異詞，習慣上，分別稱之而已。在他們指揮之下，似應有他種工匠或學徒，惟例證頗少。除前文之餅店外，茲更錄近似二例於後：

『至鐵冶處，有煆鐵尉遲敬德者，方袒露蓬首煆煉之次……尉遲公與其徒拊掌大笑。』（太平廣記一四六尉遲敬德條）

『韓幹，藍田人，少時常爲貰酒家送酒。』（酉陽雜俎卷五）

前條之『徒』，或即伙伴、徒弟、雇用之工匠；後條之送酒者，或即學徒，亦未可知。韓愈師說所謂『巫醫藥師，百工之人，不恥相師』，當可作爲作坊中之師徒關係之佐證也。

二　工廠手工業

唐宋時代，在商業資本統制下之手工業工廠的組織與情況，材料甚少。唐代富商捨宅爲寺者，例不僅見（參閱兩京新記），而請市終南山之富商，尤爲卓出（註）。在彼輩統屬下的工廠組織，有下列數例：

『永徽六年……雍州長史孫祥奏言：往日鄭白渠溉田四萬餘頃，今爲富商大賈，競造碾磑，堰過費水。』（文獻通攷卷六水田）

『上都通化門長店，多是車工之所居也。廣備其財，募人集車。輪轅輻轂，皆有定價，每治片輞，通鑿三竅，懸錢百文。雖敏手健力，器用利銳者，日止一二而已，有奚樂山者，攜持斧鑿，詣門自售，視操繩墨頗精，徐謂主人曰，幸分

輞材，某當併力。』（太平廣記八四奚樂山條引集異記）

『屝日傭人於崇賢里西門水澗，從水洗其破麻鞋……廣召日傭人，令劉其破麻鞋，粉其碎瓦，以疏布節之，合槐子油靛，令役人日夜加功爛搗……從臼中熟出，命工人併手團握，例長三尺已下，圓徑三寸，埰之得萬餘條，號爲法燭。』（太平廣記二四三竇乂條引乾𦠆子）

『於遼地設六七鋪，制造煎餅及䭔子。』（太平廣記二四三竇乂條引乾𦠆子）

『唐定州何明遠大富，主官中三驛，每於驛邊起店停商，專以襲胡爲業，貲財巨萬，家有綾機五百張。』（前書二四三何明遠條引朝野僉載）

（註）舊唐書玄宗紀開元廿二年三月，沒京兆商人任會方資財六十萬貫。

『舊有富商鄒鳳熾宅……其家巨富，金玉資貨，不可勝計。常與朝貴往還，因是勢傾朝市，邸店田舍，遍滿海內……嘗謁見高祖，請市終南山，山中每樹×絹一疋，自云，山樹雖盡，而臣絹未竭。』（兩京新記）

第二例，已指出主人，與募人，及論件工值及廠內分工情形。第三例更指出日傭人；第四例，則爲商業資本家出資開設之飲食店。第五例之私人綾機數目，已比宋代蜀錦院之機數之三倍，尚多也。（見前）

此外，又有一例，惟頗含混：

『唐大曆四年……百姓有邸店、行舖、及爐冶，應準式合加本戶二等稅者，依此稅數堪納。』（文獻通攷卷二田賦攷）

『百姓』的內容極泛，士農工商，皆在其列。而『本戶』一詞，據唐代稅制推出，當爲據土地數目，應歸入稅賦之等級。因彼等又有邸店、行舖、爐冶，故於土地稅之等級上，再加二等。在此種例中，似可認爲地主，兼營工、商、礦業，亦可認爲工商業者，兼有土地之證。總之，此處之百姓，如爲地主，則彼等所開設之行舖、爐冶，或由雇工經營，如前節註內之『主作坊』之經理人，即其實例，而近似於商業資本家所開設之手工廠。如爲工商業者，則邸店行舖、爐冶，或由彼等自營，而彼等之土地，又須採取當時最流行的形式矣。

至於宋代，則商業之流，隨貨幣制度之邁進，而更加澎湃，政府坊場錢之收入，已蔚爲大觀：

『元豐六年……歲收六百九十八萬六千緡，穀帛九十七萬六千六百石疋有奇。』（文獻通攷卷十九）

在這種商業潮流中，商業資本家，是否漸多組織手工業工廠者，苦無明文可證。（註）惟北宋時代，作坊規模，亦有頗爲宏闊者，夢華錄云：

『凡餅店……每案用三五人，按劑、卓花、入爐，自五更，卓案之聲，遠近相聞。唯武成王廟前，海州張家，皇建院前鄭家最盛，有五十餘爐。』

（註）唐宋兩代，對外貿易頗盛，而南宋市舶司之收入更爲重要。則因對外貿易之刺激，而引起的

工廠手工業，想亦極繁盛也

五十餘爐之餅店，用人至少當在五十人以上，似已近手工廠，而不類作坊矣。

至於採礦工業，則規模更大，利國監諸冶，卽冶各百餘人。（蘇軾徐州上皇帝書）桯史卷二云：『舒之望江有富翁曰陳國瑞，以鐵冶起家，嘗爲其母卜地……使其冶之隸，如張翁家……以錢三萬成約……以時價商之，雖廉猶三十萬也……輦錢緡三百……』可見鐵冶起家之豪富。

南宋時，在官吏資本卵翼下之工業，實可認爲名副其實的手工業工廠，據朱子大全集按唐仲友狀云：

『往仲友私家婺州所開綵帛鋪，高價買到暗花羅，幷瓜子香羅三四百疋，及紅花數百斤。』（三狀）

『又乘勢雕造花板，印染斑纈之屬，凡數十片，發歸本家綵帛鋪，充染帛用。』(同前)

『仲友因修造兵器……所買生絲，除量支作弓弩弦用外，並發歸本家綵帛鋪，機織、貨買。』(同前)

唐仲友，貴為台州知州，則其本家之綵帛鋪，當不能自身，或親族在內經營，工作，恐即係雇倩工匠者。更證之以鋪內包括染色、印花、機織三部，且一次即可買至三四百疋，則其規模，當非甚小者。故認之為手工業工廠，似不至差誤。

宋時蜀官錦院，『用挽綜之工百六十四，用杼之工五十四，練染之工十一，紡繹之工百一十……所織之錦……總為六百九十匹而已。』(蜀錦譜序)則一次可購買三四百疋花羅之私家工廠，所用之工人，至少亦當在二三百人上下也。

事實上，官吏資本卵翼下之工業，唐代已行出現：

『凡宮人，不得於部內……造碾磑，與人爭利。』（唐六典卅）

大概宋代私工業之採取工廠形式者，當首推印書工業：

『自國家取士場屋，世以決科之學爲先，故凡編類條目，撮載綱要之書，稍可以便檢閱者，今充棟汗牛矣。建陽書肆，方日輯月刊，時異而歲不同，以冀速售。』（愧郯錄卷九）

能日輯月刊之書肆，自非一般作坊可比，在彼等指揮之下，至少應有雕匠，印匠、及裱褙匠。宋代坊刻本之常附註『把總鐫手』者，卽其明證也。故認爲此類書肆爲手工業工廠，當無大誤，蓋惟有大規模的工廠，方有競售的可能。更證以建陽之『麻沙板』，馳名數世，當更令人確信其無誤也。若夫自造紙料，刻印書籍出賣之書肆，則規模當更大矣。（參閱中國雕板源流考．坊刻本及紙章）

三 莊園及寺院工業

唐代莊園盛行，已被公認（參閱唐代莊園考，師大月刊第二期），降及宋代，尙多遺存者。考察莊園工業的情況，亦極有興趣的問題也。只是，吾人所能搜集的材料，已少至不能復少，不能顯示其一般性質。玆本聊勝於無之心情，舉例一二：

「工部員外郎張周封言，舊莊，城東狗脊觜西，常築牆……崩，且意其基虛。工不至，乃率莊客，指揮築之。」（酉陽雜俎，卷十五）

此爲土木工程之一例。他如同書之

「元稹在江夏襄州賈塹有庄，新起堂，上梁纔畢……時庄客輸油六七甕。」（卷八）

庄客所輸之油，爲在莊園作坊榨壓者，抑爲在他處榨壓者，則不得而知矣，故上條似不能作爲莊園工業之例證。他如高彥休闕史趙江陰政事云：

『咸通初……楚州淮陰農者，比莊。頃以豐歲而貨殖焉。其東鄰，則拓腴田數百畝，資鏹未滿，因以莊券質於西鄰，貸緡百萬，契書顯驗……乃言有稻若干斛，莊客某甲算納到者，紬絹若干匹，家機所出者，錢若干緡，東鄰贖契者，銀器若干件，匠某鍛成者。』

上述之『家機』性質不明，難加斷語。而所謂『匠某鍛成』之銀器，係僱倩，抑輸作，亦難判斷。或不至如元典章之『諸投下，壬子年原藉除差，畸零無局分人匠，自備物料造生活，於各投下送納，或納錢物人。』（卷十七，戶口備畫）亦未可知。惟唐中業以後，戶口加速度的減少，不應差役的客戶，反加速度的增加，則類似元典章所云之工匠，非無出現的可能，惟書册無徵，未敢妄加臆測也。此外，如

『東都莊宅使織造戶，並委府縣收管。』（舊唐書卷十四）初見之下，似亦類似莊園中之織造戶，但全唐詩明云『東都官錦坊』，恐織造戶，初屬於莊宅使下官錦坊，復改屬府縣，亦未可知。至於宋史太宗紀之『幸御莊觀刈麥，聞民舍有機杼聲』，恐亦不能認爲是莊園工業，而是莊戶之家庭工業也。

此外尚有一特例，茲述之如下：

『瓊山郡郡守韋公幹者，貪而且酷，掠良家子爲臧獲，如驅犬豕。有女奴四百人。執業者太半，有織花縑文紗者，有伸角爲器者，有鎔鍛金銀者，有攻珍木爲什具者。其家如是日考月課，唯恐不程。』（太平廣記二六九韋公幹條引投荒雜錄）

前例之勞動者，直是女奴矣。

唐代莊園工業之最典型的例證，當爲水碾磑。莊園附有水碾磑，幾於成爲一般的條件，此類碾磑，當不能純供莊主家族消費，莊戶使用及營利之事，固亦必然之舉也。下例公主之『脂粉磑』，恐卽營利者也。

『大曆十三年，有詔毀除白渠水支流碾磑，以妨民溉田。昇平（公主）有脂粉磑兩輪，郭子儀私磑兩輪……公主卽日命毀，由是勢門碾磑八十餘所，皆除之。』（舊唐書一二〇郭子儀傳）

莊園有水碾磑的實例，不勝枚舉，茲從略。但水碾磑營利之實例，最完善的，還是屬於寺院的水碾磑。

『廣德二年，戶部侍郎李栖筠等，奏拆京城西北白渠上王公寺觀碾磑，七十餘所。』（文獻通攷卷六，水田）

『其磨亭正座五間，都成七架，西開客館，東斂僧房……豈止獨利於禪林，抑亦務賚於閭里，約費美鏹三百餘緡……磨主行達……』（大宋京兆府鄠縣逍遙栖禪寺新

直至元代，大寺院中，專經營水磨者，尚有『東磨主，西磨主』。（前書補正卷三修水磨記金石萃編續編卷十四）元滿公道行碑）

至於寺院之其他工業，亦多不詳，大概當以印經爲極重要的印刷工業。唐代一般印刷事業，尚不流行，而佛經之印刷，則承隋之舊（見中國雕板源流考）。發賣之事，亦頗流行：

『買維摩詰中疏，價四百五十文』（入唐求法巡禮行記卷一，五三頁）

降及宋代，官府亦有『印經院』之設，但亦旋將印版，賜與寺院，事物紀原卷七云：

「太平興國八年，置印經院。神宗熙寧末，廢其院，以所印板，賜顯聖寺。」

板既賜予寺院之後，寺院或不至束諸高閣，亦或有時行印刷之事。尙宋時寺院自印，信徒捨印佛經之事，已極普遍，雕板、印刷，率多由僧人指揮，校對矣。（見第五章第八節）

僧人雕造佛像者，已見於酉陽雜俎。至於他種工業，則又有下列三例：

「永徽中……時夏中藍熟，寺衆於水次作靛。」（太平廣記二二〇絳州僧條引廣五行記）

「相國寺……兩廊皆諸寺師姑，賣繡作、領抹、花朵」（夢華錄三）

「西融州有鉛粉，鉛質極美，桂人用以制粉，澄以桂水之清，故桂粉聲天下。桂粉，舊皆僧房罨造，僧無不富……厥後經略司專其利，歲得息錢二萬緡……尋僧乃往衡嶽造粉，而以下價售之，亦名桂粉……桂以故發賣較遲。」（嶺外代答七）

四 家庭工業

唐代之庸調，概爲布絹，宋代雜變之賦，亦多爲布絹。故鄉村中之未與農業分離的紡織工業，尚極盛行。及乎宋末，一般紡織工業，似已有與農業分離的例子。高等紡織，自然久已與農業分離矣。蒙齋集卷二知徽州奏便民五事狀云：『又考究自來攬戶之弊，其受於稅戶也，則昂其直，及買諸機戶也，則損其直。』

宋末和買布絹之時，已將稅戶與機戶，劃然分開，當可認爲一般紡織工業，已與農業分離之例也。但此處所欲討論之家庭工業，幷非與農業未分離的工業，而是已與農業分離，而以家族成員，任其勞作的工業。吾人有許多例證，可證明家庭工業，常保持祕密，不使他人得知製作方法，如：

『蘇乳煎之輕錫，咸云十年來始有，出河中。余實知其由，此武臣李環家之法也。余弱冠前，步月洛之綏福里，方見夜作。問之，云乳錫。時新開是肆，每斤六十文。明日市得而歸。不三數月，滿洛陽盛傳矣。開成初，余從叔聽之，鎮河中，自洛招致錫者居於蒲，蒲土因有是錫。其法寖聞傳得，唯博涌軍人竊得法之十八九，故今奉天，亦出輕錫，然而劣於蒲者，不盡妙焉。』(資暇錄)

有時世世相傳，或則延長至數百年。

『今人製陶硯，惟武昌萬道人所製，以爲極精……其底有萬字篆文……用之，今餘三十年……雖高要、歙溪之佳石，不是過也。聞武昌今尚有製者，乃萬之後。』(獨醒雜誌八)

『宣城諸葛氏，素工管城子，自右軍以來，世其業……政和後，諸葛氏之名，於是頓息……流傳將七百年。』(鐵圍山叢談)

保有祕密之極端，或失其傳，

「開元中，筆匠名鐵頭者，能瑩管如玉，莫傳其法。」（酉陽雜俎六）

或有女不嫁，

「東家白頭雙女兒，爲解挑紋嫁不得。原註云：余掾荊時目擊貢綾戶，有終老不嫁之女。」（元稹織女詞，唐文粹十二）

或則兩家，互相婚嫁：

「亳州出輕紗，舉之若無，裁以爲衣，眞若烟霞，一州惟兩家能織，相與世世爲婚姻，懼他人家得其法也。云自唐以來名家，今三百餘年矣。」（老學菴筆記六）

由於保守祕密，則家族外之人員，必不能參加生產過程，故營業方能維持至數百年。此種工業，似不能與有主人或師傅、工匠、及徒弟之作坊相比，更不能與招募工匠之手工業工廠相比，故特類比而稱之曰家庭工業。至於此種工業，在全個工業社會內，究佔何種位置，亦頗難推定。惟唐代徵補官業工匠時，工匠子弟有優先權，則父子相傳，世襲其業，實極流行。更鑒於工匠之資本之小，市場之狹隘，如鄉村及極高貴之成品，銷路特少，及在專門化之作業，如武林舊事之鞋楦、糭帶、鞋結底等業中，此種家庭工業，當亦能佔有相當的位置。下述二例，或亦屬於此類也。

「有鹵鞋匠與樂工居隔壁。鹵鞋者母卒，未斂。樂工理聲不輟，匠者怒，因相詬成訟。樂工曰，此某業也，苟不爲，衣食且廢。執政判曰，此本業，安可喪輟。他日樂工有喪事，亦任爾鹵鞋不輟。」（唐語林八）

「有陳訟負綾絹錢二萬者，公呼至詢之……云：某家以製扇爲業。適父死，而又自今春以來，連雨天寒，所製不售，非固負之也。」（春渚紀聞卷六，寫畫白團扇條）

五　雇傭工匠

唐宋兩代册籍中，關於雇工匠的記錄（註一），觸目皆是。除官府和雇、招募工匠，已見前章外，私家招雇工匠事，亦不一而足。茲舉數例如下：

「房琯……至閬州，舍紫極宮，適雇工治木。」（酉陽雜俎前二）

「汴州百姓趙德正住光德坊，大和三年妻阿賀以女工致利……成式家雇其紉針。」（前書續三）

「甲雇工造瓦口五分。」（圖書集成考工典一三九引唐闕名造瓦判）

「陶峴……命陶人爲甓。」（甘澤謠）

「正見漆工髹凶器。」（清異錄）

「酒家召井工陶老，乃父子應募者。」（稽神錄）

『適有桶匠，庭下閙之。』（澁浦靜語一）

『同官有興作者，魏未能無意，每欲爲之，先令匠者，計工用若干費，各具公私之數。』（過庭錄）

『如官司和雇，支給錢米，反勝於民間雇倩工錢。』（夢粱錄九）

（註一）關於唐雇傭工匠的生活狀況，可參閱韓愈圬者王承福傳。

上述各節，已足以示明雇工之通行。若夫寺院建築之遺有碑文者，則更能表明雇工之繁雜也。

『……寫經人……鐫經人，裝功德人……描花樣人……造金瓪瓦頻茄鴟獸匠人……造青棍瓪瓦匠人……石匠人……木匠……碙匠。……』（宋法海院新修石塔記金石萃編補正二）

總上所述的工匠，究係論日，或論件而出雇，或包工，則不得而知。惟唐代已有『月傭』『日傭』之分。

『壽州唐慶中丞，棲泊京師，偶雇得月作人。』（太平廣記八四，唐慶條引逸史）

『俄有一僕，願爲月傭。』（前書同卷盧鈞條引摭言）

『雇日傭人……廣召日傭人……』（同書二四三竇乂條引乾𦠆子）

唐宋兩代均有論件或包工的雇工。

『上都通化門長店，多是車工之所居也。廣備其財，募人集車，輪轅輻轂，皆有定價。每治片輞，通鑿三竅，懸錢百文，雖敏手健力，器用利銳者，日止一二而已。有奚樂山者，攜持斧鑿，詣門自售，視操繩墨頗精，徐謂主人曰，幸分輞材，某當併力。』（太平廣記八四奚樂山條，引集異記）

『唐定州安嘉縣人王珍，能金銀作，曾與僧寺造功德。得絹五百疋，同作人，私費十疋。』（同書一三四王珍條引廣古今五行記）

「嵩山比南方山極雄壯，然石多而土少，乏秀潤之氣。石皆堅頑不可鐫鑿。峻極上院，嘗於其院東鑿井，經年纔深丈許。每鑿一寸，雖傭錢至一千，匠者不至也。」（曲洧舊聞四）

「前此工不集，上下憂之，乃募作者，能倍功即賞之，優給其直。」（宣仁后山陵採石記，金石萃編一四）

宋代都城中，且有類似晚近之『工夫市』者：

「儻欲修整屋宇，泥補牆壁……即早辰橋、市、街、巷口，皆有竹木匠人，謂之雜貨工匠，以至雜作人夫……羅立會聚，候人請喚，謂之羅齋。竹木作料，亦有鋪席，磚瓦泥匠，隨手即就。」（夢粱錄三）

爲雇主的便利，於上述之『工夫市』外，雇工更有組織，以便接洽。唐代州縣中，即有『傭作坊』，以備雇主之雇傭：

『偶至延陵，到傭作坊求人負擔藥物，却歸山居，以價錢，多不肯。』（太平廣記七四陳生條引逸史）夢華錄之雇覓人力條云：

『凡雇覓人力、幹當人、酒食、作匠之類，各有行老供雇。』（卷三）夢粱錄亦云：

『雇覓人力，各有行老引領。』（卷十九）

行老及傭作坊供雇與引領人力之事，頗似於近今之『作頭』與薦頭行。夢華錄前引文之下，即有『若覓女使，即有引至牙人』之語。老學庵筆記亦載有此種牙人。此類牙人，如非販賣人口之牙人，當亦薦頭行之類也。蓋爾時開設作坊，已屬不易，故出賣勞動力之匠人，亦日趨增多，職業工人與竹木匠外，亦多有流浪之工匠，如『興元府李翁以煅鐵爲業，僅免飢寒。』（續墨客揮犀錄三）洛陽舊聞記有冒充劍仙騙財之鍛工。朱子大全集中且記有作官吏象牙之刊字匠、塑佛匠。行老之設，及行之組織，除由於應付官府之差使外（見夢粱錄），當亦由於便利雇主之雇用，柳宗元梓人傳之梓人。雖爲一包工。實亦行老之類也。或則由於競爭劇烈，必須瓜分市場。夢華錄之水夫，即有『地分』，夢粱錄之糞夫，亦『各有地分』。加藤繁氏認爲倣商人組織之行，而職業人夫亦組成行（見唐宋以後商人組織之行），似只說明其組織形式，並未能說明其組織的原因與目的也。（參閱第六章）

第四章　私工業成品銷售方式及流動資本之考察

關於私工業之成品消費方式，將分爲市場交易、門市交易、定貨、批發四項，順次加以考察。

一　市場交易

唐代在兩京，各置市令丞。長安有兩市，洛陽亦有兩市（初有三市，開元十二年廢西市，見唐六典卷七註）。各州縣亦多有市令（同書卷卅）。宋代都城及州縣，亦各有市及

坊場，惟宋代之市，已不若唐代之規整劃一矣。（參閱唐宋以後商人組織之行

市制及坊場制度不能詳述，要皆每日之市也。

「凡市以日午擊鼓三百聲，而衆以會，日入前七刻擊鉦三百聲，而衆以散。」六典二十

「平明……方有諸手作人，上市買賣零碎作料。」（夢華錄）

「每日清晨兩街巷門，浮鋪上行百市，買賣熱鬧，至飯前市罷。」（夢粱錄）

其他州縣鄉村之墟市，則爲定期的市場：

「凡聚落相近，期某旦集，交易閧然。柳云綠荷包飯趁虛人，臨川云花間人語趁朝墟。」（碧溪詩話）

宋代開封相國寺，亦定期市場也：

「都城相國寺，最據衢會，每月朔、望、三、八日卽開，技巧百工列肆，罔

有不集，……因號相國寺爲破贓所。」（塵史卷下）

此外，又有大規模的集會，蜀之蠶市，即其例也：

「蜀有蠶市，每年正月至三月，州城及屬縣，循環一十五處。耆舊相傳，古蠶叢氏爲蜀主，民無定居，隨蠶所在，致市居。」（茅亭客話卷九）

上文後半，自是神話，實則蠶市，只是「集會」，或會而已。今日僻鄉，尙有所謂「春會」、「秋會」者也。

工匠在各種市中，出賣成品的例子，在宋代，夢華錄中，除前舉例外，尙可摘述一二：

「天明，其殺猪羊作坊，每人担猪羊及車子上市，動即百數。」

「近佛殿，孟家道冠，王道人蜜煎，趙文秀筆，及潘谷墨占定。」（相國寺萬姓交易條）

此外的詳節，夢華錄、夢粱錄，言之綦詳，茲不贅。唐代工匠在市售貨的例證，可於六典中見之：

「凡與官交易，及懸平贓物，並用中賈。其造弓矢長刀，官爲立樣，仍題工人姓名，然後聽鬻之。諸器物亦如之，以濫僞之物交易者，沒官，短狹不中量者還主。」（卷廿）

官府統制製造品的品質，且禁止「較固」、「參市」（見唐律疏議廿六，雜律），以利交易。但統制市場過嚴的結果，遂使市人有「行語」的流行。兩京新記云：

「市署前大衣行，雜糅貨賣之所，記言反說，不可解識。」

唐代工匠上市賣貨之最典型的例，以賣炭翁一詩爲最好：

「……代薪燒炭南山中，滿面塵灰烟火色，兩鬢蒼蒼十指黑……夜來城中一尺雪，曉駕炭車輾冰轍。」（白氏長慶集卷四）

二 門市交易

門市交易，卽零售是也。一般作坊，多前爲店舖，或則工作室亦卽店舖(註)。前引之『於餅店買胡餅二枚』，及『時方新開是肆，每斤六十文，明日市得而歸，不三月洛陽盛傳矣』之錫坊，皆其例也。於上述諸例外，吾人擬再舉數例：

「開元初，東市百姓喪父，騎驢市凶具。」（酉陽雜俎十五）

「楊元英，則天時，爲太常卿，開元中，亡已二十載，其子因至冶成坊削。家，識其父壙劍，心異之，問削師何得此劍？云有貴人……將令修理。」（太平廣記三三〇引廣異記）

「……潛於鍛爐作三枝小鍤。」（前書二四三竇乂條引乾𦠆子）

「鞏縣陶者，多爲甆偶人，號陸鴻漸，買數十茶器，得一鴻漸。」（國史補中卷）

「唐薛昭緯……就肆買鞋，肆主曰秀才脚第幾。」（北夢瑣言）

「余在翰苑，以油衣漸故，遣吏市新者。回云馬行街油作舖目錄，入朝避雨衫，芭蕉袴一副二貫。」（清異錄）

「長安人物繁，習俗侈，喪葬陳拽寫像，其表以綾綃金銀者，曰大脫空，楮外而設包者，曰小脫空。製造列肆茅行，俗謂之茅行家事。」（同前）

第六例之油作舖，已有目錄，可見中國商店目錄之起源，亦甚古矣。

（註）唐會要八六，景龍元年條「兩京市諸行自有正舖者，不得於舖前更造偏舖，各聽用尋常一檔偏厢。」

三 定貨

在定貨項下，吾人欲分爲二類：一類爲用顧主材料，於自己作坊內施工者，一爲承顧主之命，以自己材料，爲顧主工作者，茲先言第一類。

用顧主原料，代之加工一事，在元代極爲普遍。有時特種工業，且以法令規定其必須採取此種形式。而不許作坊自備原料、加工、出賣。例如下：

『金銀匠人，開舖打造，開張生活之家，憑諸人將到金銀打造，於上鑿記匠人姓名。不許自用金銀，打造發賣。若已有成造器皿，赴平準庫貨賣。』（整治鈔法條畫元典章卷廿）

上項事件，雖爲一特例證，但已可證明元代已通行這種形式。元代緊接宋代，則宋及唐，亦或有類似的事例。惟吾人搜集得之材料，頗少此種例證，茲試舉一二：

『初蓬州請以租絲配民織綾，給其工直，太祖不許。』（宋史食貨志）

『募私鑄人……官給以物料，盡其一家人力鼓鑄，計其工直，率十分中支若干分數，充其工價。』（見前）

上述二例，可視爲官府供給原料定貨之例。

『錢思公嫁女，令銀匠龔美打造裝奩器皿。旣而美拜官，思卽取美爲妹婿，向所打造器皿，歸美家。』（東軒筆錄）

上例亦可視爲普通定貨，但達官貴人嫁女，需用銀器甚多，恐非一般作坊所能備辦原料者，故不若歸入此類。

至於第二種，普通定貨，則例證不少：

『昔有張滋者，眞定人，善和買，色光黳，膠法精絕，舉勝江南李廷珪。大觀初時，內相彥博……薦之於朝廷，命造墨入官庫。是後，歲加賜錢至三十二萬，政和末，魯公辭相而後止。滋亦能自重，方其得聲價時，皇弟燕越二王，呼滋至邸，命出墨，謂雖百金不吝也。滋不肯，曰滋非爲利者。今墨乃朝廷之命，不敢私遺人，二王乃匄於上，詔各賜三十斤……墨積大觀庫，無慮數萬斤。』（鐵圍山叢談五）

『汝窰，宮中禁燒，內有瑪瑙末爲油，唯供御揀退，方許出賣。』（淸波雜志五）

上述二例，爲皇家定貨，而跡近包銷者也。

『乾符五年……內臣有刻木象頭，以裹幞頭。百官效之，工門如市，度木斫之曰，此斫尙書頭，此斫將軍頭。』（新唐書五行志）

『何薳記墨云，近世士人，遊戲翰墨……不皆手製。亦以意加減，指授善工而爲之耳。如東坡在儋耳，令潘衡所造，銘曰海南松烟，東坡法墨者是也。』（墨史

『蘇翁……晝爾治圃，宵爾織屨，屨堅韌，革鳥可穿，而屨不可敗。織末脫手，人爭貿之以饋遠，號曰蘇公屨。』（遊宦紀聞三）

上述三例，皆一般定貨之例。

「黃山張處厚、高景修，皆起竈作煤，製墨爲世業。其用遠烟、魚膠所製佳者，不減沈珪。……如沈珪、汪通甏，或不自入山，亦多就二人買烟，分渠用膠，止各用印號耳。」（春渚紀聞卷八）

墨上印號，爲宋代製墨者之商標。上例之買烟印號，頗似近今之只賣商標，而不組工廠之資本家也。

四　批發

唐代以來，國內商業，已極發達。對外貿易，亦日興盛（註）。商販所需之貨物，當直接間接批發於生產者，換言之，亦即批發於爾時最盛行之作坊。惟此種商業事件，多無直接材料可證，吾人只能就間接材料，推知其有此行爲而已。前節之買烟印號者，當亦其例也。

(註)唐代國內商業之繁盛，可於以停商爲業之富商(見兩京新記及太平廣記之前引竇乂條)及飛錢之發明，與驛旁店舍之發達見之。何明遠主官中三驛，於驛旁起店停商致富(見前)，宋代商稅收入之富及驛旁店舍規模與繁盛，亦可證明內國商業發達之實況也。

驛旁店舍之例如下：

『開北山車道三所，置縣三，每驛旁造店一百間。』(大唐易州鐵像頌，金石萃編八三)

『建郵亭，營屋，綢院三百八十三間……廢青泥一驛……青泥土豪輩，喞喞巧語，以疑行路，且驛廢，則客邸酒爐，爲棄物矣，浮食游手，安所仰邪。』(大宋興州新開白水路記前書一三四)

『寶曆中，荊州有廬山人常販燒朴、石灰，往來於白洑南草市。』(酉陽雜俎二)

『船人云，吾等從密州來，船裏載炭，向楚州去。本是新羅人，人數十有

餘。」（入唐求法巡禮行記卷一，一二七頁）

『十七日朝到密州諸城縣，大朱山，駁馬浦。遇新羅人陳忠船，載炭欲往楚州。商量船脚價絹五疋。』（同書卷四九七頁）

『張文潛嘗言，近時印書盛行，而鬻書者，往往皆士人躬自負擔。』（道山清話）

『泊鸚鵡洲前南市堤下，南市在城外，沿江數萬家。廛閈甚盛，列肆如櫛。酒壚樓欄，尤壯麗，外郡未見其比。蓋川廣荊襄淮浙貿遷之會，貨物之至者，無不售，且不問多少，一日可盡。』（吳船錄卷下）

『吾之小商，近販紙、筆、米、布之屬，日與交人少少博易，亦無足言。唯富商販錦，自蜀至欽，自欽易香至蜀，歲一往返，每博易，動數千緡。』（嶺外代答，欽州博易場條）

他如劉夢得詩之『端州石硯人間重』，東坡之『揚州銅器越州羅，爭唱洪崖得寶歌』（見猗覺寮雜記上），及『太原銅市名天下』（宋史畢游傳），以及『桂粉聲天下』（見前），皆莫不藉商販之力，方得以宣揚也。商人批發貨物情況（註），大概可借用水心文集之『大商則聚小家之所有，小舟附大艦而同營』一語以概之也。（文見卷一，上寧宗皇帝劄子）

（註）異聞總錄卷一之『撫州南門黃柏路居民詹六詹七，以接鬻縑帛爲生』當即州郡批發，或收買商人的例證。

南宋時代，都城中，已有在本市作坊，批發貨物零售之商販出現。武林舊事云：

『都民驕惰，凡買賣之物，多與作坊行販已成之物，轉求什一之利。或有貧而愿者，凡貨物盤架之類，一切取辦於作坊，至晚方以所直償之，雖無分文之儲，亦可餬口，此亦風俗之美也。』

前一種爲自本市作坊，批發貨物，轉而零售之商店，後一種，則在作坊支配下之商店，或擔販也。(註)

(註)異聞總錄卷一，亦紀有自作坊批發貨物的小販：『宋時袁州盧肅市之東，有銀匠，姓郭，……市西有把賣嫗，常詣郭買賣釵鐶之屬。』

× × ×

吾人對於私工業製造品之銷售方式，已討論完畢。此外尙有一種實非銷售，而亦爲商品之一種出路，亦頗有一述之必要，卽官吏之橫斂與豪奪是也。袁扇工歌云：

『某州竹扇名字著，織扇供官困追捕。史君開府未浹旬，欲戴綸巾揮白羽。新模巧製旋剪裁，百中無一中尺度。犀革鐫柄出蟲魚，麝煤薰紙生煙霧……衙內日取知何名，帳下雄拏不知數。供輸不辦箠楚頻，一朝赴水將誰訴。』(清波別志)

大概宋代，一般作坊，供應官府以製品，爲法定事例。故『初京師供百事有行，雖外與諸州軍等，而官司上下需索，無慮十倍以上。』（見唐宋以後商人組織之行引通鑑長編文），扇工供扇，肉行諸處送肉，皆其例也。王安石變法，免行錢行，玆弊少殺，但不旋踵，而又復原矣。

唐代雖無供應明文，然宮市之弊，至使市肆閉門，白居易之賣炭翁，卽逢宮人豪奪，亦可見唐代工匠，亦無保障也。

至於宋史仁宗紀云：『開封府判官龐籍言，尙美人遣內侍，稱教旨，免工人市租』之『市租』，是否亦爲『供應』之一名，頗未敢定。惟宋代市場，浮攤極多，所謂市租，或卽類似近今北平之浮攤費，卽當時之坊場錢之別名，亦未可知。

吾人既將私工業成品之銷售方式，約略討論完畢，玆將進而研究私工業的資本問題。

唐宋二代，私工業間之競爭，即日趨劇烈。但唐初則作坊數目，尚極衆多。長安東市十二行，即有四千餘家。及乎唐末，則陶者，已帶作甕偶人，以招引顧客，俾賣茶具。鍛工流落之結果，至冒充劍仙以騙財。至於宋代，則大作坊，除藉原料購買，及憑藉官府，以壓迫小作坊外（並見第六章），且不惜製造次劣貨品，以與小作坊、小經紀競爭，雖自貶聲價不惜也。前引之『日輯月刊，時異而歲不同，以冀速售』之『建陽書肆』，即其例也。他如：

『宣城諸葛氏，素工管城子。自右軍以來，世其業。其筆制，則散卓也。吾頃見尚方所藏右軍筆陣圖，自畫捉筆手圖，亦散卓也，又幼歲當元符、崇甯時……每遺吾諸葛氏筆，又皆散卓也。及大觀間，偶得諸葛筆，則已有黃魯直樣，作聚心者……故諸葛氏遂有魯公羊毫樣……又出觀文樣……繇是，奔走時好，至與絜竹器，巡閭閻，貨錐子，及奴台手抄圭撮者，爭先步武矣。政和後，諸葛氏之名，於是頓息。』（鐵圍山叢談卷五）

諸葛氏筆，至宋中葉，已將及七百年。宋初，尙製造高等貨品，以應士大夫之需求。次則與一般作坊競爭，造作時髦的貨品，末則與一般小販，競售最劣等的貨品矣。這是一幕造筆業競爭的活劇，更是造筆工業經營進步之最詳的紀錄。雖士大夫不免頻頻歎息，但在工業經營者心目中，則時勢所迫，不得不如此，且亦唯如此，方合於工業經濟原理，擴張市場，縮短資本流通週期，以增加利潤的定律也。

工業界之競爭，旣日趨劇烈，則資本問題之研究，當更爲重要。一般說來，資本較大之作坊，在劇烈的競爭中，自佔優勢。資本較小之作坊，自不免失敗。

故以鍛鐵爲業者，不免於貧困。其甚然者，則『絜竹器、巡閭閻』，成爲極小之小販，北宋之『勘宅者』，南宋之『盤街』者，皆其流亞也。及乎南宋，臨安之小經紀，已達一百餘種，彼等營業之專化，雖今日，亦不是過也。推求其原因，要皆在競爭中，遭逢失敗，不得不轉趨於狹隘的作業，以避免競爭也。南宋小經紀之種類，據武林舊事，略如下述：

『見成皮鞵、鞵楦、鞵帶、修皮鞵、帽兒、椅褥、風袋、鞵結底……鼓爐釘鉸、補鍋子、泥竈。』（卷六）

『若夫兒戲之物，多件甚多，尤不可勝數，如相銀杏、吹叫兒、打嬌惜、千千車、輪盤兒；每一事，率數十人，各專藉以爲衣食之地。』（同前）

× × ×

在如此劇烈的競爭中，能決定勝負的資本中之固定資本，似尚不佔若何地位。因爾時工業器械，尚不複雜，且亦不至於難於購置。即不能開設作坊之日工工匠，固亦須自備工具，方能應募爲人工作也。至於以三百萬建設水磨之事，恐且非一般能開設作坊之工師，所能想像者也。

因此，吾人所欲討論之資本問題，不是固定資本，而是流動資本。蓋惟如此，方可明瞭工業與商業的關係，方可明瞭商業對於工業的影響也。

前述是造筆業之競爭，已指示出大作坊主人，造作劣等貨品，以謀銷路之推廣，以求資本回轉週期之縮短，更由此而獲得多量的利潤。此外，吾人尙有一例，可指示市場範圍之廣狹，對於流動資本之實現的影響：

「州之東北七十餘里，卽利國監，自古爲鐵官，商賈所聚，其民富樂。凡三十六冶，冶戶皆大家，藏鏹百萬……近者河北轉運司奏乞禁止利國監鐵，不許入河北……天下一家，東北二冶，皆爲與利，而奪彼以與此，不已隘乎……自鐵不

北行，治戶皆有失業之憂。」（蘇軾，徐州上皇帝書）

煉鐵工業，互相爭奪銷場，因是而官吏插足其間，以法令取締利國監之市場。利國監治戶，因市場頓狹，則已投諸生產過程之流動資本，不易實現，回轉週期，必須延長，利潤不免減少。聯帶的，便不免減少生產，更甚而有失業之憂。

× × ×

以上吾人已就貨物品質，銷場廣狹，對於資本回轉週期，及營業利潤的關係，加以考察。但吾人仍未能研究流通資本之構成成分。吾人對於由官吏資本，及商業資本所開設的手工業工廠的原備流動資本，固不願多費言辭；即作坊自備之流動資本，或顧主交到原料，作坊只得工值時之情況，亦擬不加研究。吾人所欲研究者，爲各種形式的工業，在營業過程中，所續加的流動資本，而在續加流動資本中，又擬只研究參加再生產過程之利潤，及貸備資本，與貸借原料。

關於利潤參加再生產過程的紀事，見之册籍者，爲數甚少，且似乎均爲一般利潤的紀事。但吾人在材料缺乏之中，固不妨加以推證、研究，或亦可聊勝於無也。

『公先呼作坊餅師至，訊之曰：自我爲舉子時，來往京師，今三十年矣。籠餅枚七錢，而今二十何也？……此餅與汝所市者，重輕一等，而我以日下市直，會計新、麵、工直之費，枚止六錢，若市八錢，則已有兩錢之息。』（春渚紀聞四）

作坊出售籠餅，枚爲八錢，則已有百分之三十三的利潤，若售二十，則利潤率，即爲百分之三百餘矣。利潤率之高，可見一斑（註）。此種利潤，是否曾投諸再生產過程，雖不明顯，然以工者世業之原則推之，當然應投諸再生產過程。以利潤市官，如『花糕員外』者，固不妨視之爲例外也，

（註）五代時官賣度量衡之利潤率，約爲百分之百六十（斗）、百七十（秤、升）、五百（尺）見第二章註引之五代會要

「京師民畫其像，刻印鬻之，家置一本……四方皆遣人購之京師，時畫工有致富者。」（雲谷雜記）

上例自可視爲利潤實現後，累再投諸再生產過程，而終結於致富之一例也。利潤參加再生產過程之例，擬僅舉一條，他種可以推論者，不欲多舉，將逕進而研究貸借資本。有唐一代，貸借，卽極普通，債權人、債務人，均有法律的保障。唐律疏義雜律云：

「諸負債違契不償，一疋以上，違二十四，笞二十；二十疋，加一等，罪止杖六十；三十疋以上，加二等，百疋以上，又加三等，各令備償。」

「諸負債不告官司，而強牽財物過本契者，坐贓論。」

在這種法律下，我們相信，一般作坊，或有借貸資本之事實。但吾人得到的實例，頗爲稀少。與宋代相倂，僅有二例，如下：

『開成初，東市百姓喪父。騎驢市凶具。行百步，驢忽曰，我姓白，名元通，負君家力已足，勿復騎我。南市賣麩家，欠我錢四千五百，我又負君錢，亦明之，今可賣我。』（酉陽雜俎十五）

『大中祥符三年，河北轉運使，李士衡又言：本路歲給諸軍帛七十萬。民間罕有緡錢，常假於豪民，出倍稱之息，至期，則輸賦以外，先償逋欠，以是工機之利愈薄……詔優予其直。』（宋史食貨志）

前例頗爲玄茫，似不可信，但亦可證明，唐時已有賣麩家借貸，或賒欠之事。後者，則可推知爲借貸資本，以買辦原料者也。至於貸借原料之例，僅有一則：

「有陳訴負綾絹錢二萬者。公呼至訊之，云：某家以製扇爲業，適父死……而又自今春以來，連雨天寒，所製不售，非固負之也。」（春渚紀聞卷六，寫畫白團扇條）

× × ×

總上諸節，已將私工業成品消售方式，及流動資本之考察，約略敍述完畢。關於唐宋時代，工業經營的繁複，似亦可約略窺見。但消售方式，尚有一種賒賣，未加敍述（註）。前例之負綾絹錢者，因是一例，武林舊事之『至晚始償以所直』之小販，更爲特殊的例證。此外，夢華錄之酒店大戶，更賒賣酒類。後村大全集又有詩一首云：

『丐客鶉衣立戶前，豈知儂自窘殘年，染人酒媼逋尤緩，且送添丁上學錢。』（卷三戲贈書事第十）

（註）仇池筆記有北宋名墨工潘谷將『見墨錢券』火焚的記事，可見賣墨者，亦多賒買者。

可見年節清賬之習，爲時已久。染人賒賬，更爲習俗之通行者，故染肆籍賬，極端重要，一旦損失，遂無法索欠，幸後舉二例，皆遇強記人，故得少賠累也。

「陳諫者市人強記，忽遇染人歲籍所染綾帛尋丈尺寸爲簿……」（唐國史補卷中）

「家傍有民張染肆，置簿識其目。」（梁溪漫志九江陰士人強記條）

第五章　工業種類與生產地域

前三章內，已將官私工業之組織，與私工業之成品消售方式，及流動資本，約略研究完畢。至於各生產部門之技術問題，則擬不加討論，讀者可參閱去唐宋未遠，明末之天工開物，此處不再累述，將逕進而討論工業種類。至於各工業之生產地域，將隨類附述於後，不另立項目。

爲顧慮材料之可隨手應用，且參酌近今工業分類法，吾人擬分爲十一類：採冶、鑄錢、金屬工業、染織、武器製造、造船、造紙、印刷、陶器及瓷器、糖及酒、與其他。以下將循序敍述。

一　採冶工業

唐宋二代之礦山，爲國家公有，官自採辦之事，爲數頗少，且亦多陷於煩擾。（歷代皇帝陵墓建築，多官自採石，即他種建築，亦或官方主辦採石，例已見前第二章三節，茲不贅）。吾人於此，願舉一二官府採取金屬礦石之例：

「凡州界內，有出銅鐵去處，官不採者，聽百姓私採，煮鑄得銅，及白蠟，官爲市取。」（唐六典卷三十州士曹註）

「徙知興州。州舊鑄鐵錢，用功多，人以爲苦，公乃募民有力者，弛其山，使自爲利，而收其鐵租以鑄。」（歐陽修集卷廿六簡肅薛公墓誌銘）

金屬礦山，多任人採取，官府收稅或回買，已見前例。官府爲收取礦山稅，及回買礦產，多於各礦區置監、場、冶或務以統轄之。故上述各官司所在地，即可視爲礦區也。

宋代坑冶區域，見於宋史食貨志者：

『坑冶、風金、銀、銅、鐵、鉛、錫監、冶、場、務，二百有一。金產商、饒、歙、撫四州，南安軍。銀產鳳、連、桂陽三州，有三監；饒、信、虔、越、衢、處、道、福、汀、漳、南劍、韶、廣、英、連、恩、春十七州，建昌、邵武、南安三軍，有五十一場；秦、隴、興元三州有三務。銅產饒、處、建、英、信、汀、漳、南劍八州，南安、邵武二軍，有三十一場，梓州有一務。鐵產徐、兗、相三州，有四監：河南、鳳翔、同、虢、儀、歧、黃、袁、英九州，興國軍，有十二冶；晉、磁、鳳、澧、道、渠、合、梅、耀、坊、虔、汀、吉十四州，有二十務；信、鄂、連、建、南劍五州，邵武軍，有二十五場。鉛產越、建、連、英、春、韶、衢、汀、漳、南劍十州，南安，邵武二軍，有三十六場、務。錫產河南、南康、虔、道、賀、潮、循七州，南安軍，有九場。水銀產秦、階、商、鳳四州有四場。朱砂產商、宜二州，富順監，有三場。』

地理志，尙有礬務三，礬場四。

唐代坑冶之數，據新唐書食貨志，大中間

『凡銀銅鐵錫之冶一百六十八。陝、宣、潤、饒、衢、信五州，銀冶五十八，銅冶九十六，鐵山五，錫山二，鉛山四，汾州礬山一。』『麟德，廢除陝州銅冶四十八。』

於上述諸地以外，據六典『利州貢金、銅、鐵』，『萬州金』『台州金』，『鄂江二州銀』，『辰錦二州光明砂、水銀』『溪錦二州朱砂』，『姚州金』，『融象二州貢金』，『桂邕昭柳等五十餘州貢銀』，『容州朱砂』（卷三戶部註）

元和郡國志，河南府伊陽縣，『銀鑛窟，在縣南五里，今每歲稅銀一千兩』（卷五），兗州萊蕪縣，『韶山，在縣西北二十里，其山出鐵，漢置鐵官，至今鼓鑄不絕』（卷十）；絳州翼城縣，『澮高山……出鐵，隋於此置平泉冶』（卷十二）；蔚州，『飛狐縣，三河冶，銅山約數十里，銅鑛至多』（卷十四）；郴州平陽縣，『銀坑……所出銀至精好，俗謂之偈子銀，別處莫及，亦出銅礦』（卷廿九）。

吾人既將礦區分佈情形，約略指出；將順便一述冶礦中最重要的鼓風器。

元和郡國志云：三河銅冶，及飛狐錢坊，『同用拒馬河水，以水斛消銅』，水斛即水排，『後漢杜詩……造作水排……魏志曰胡暨……徙監冶謁者，舊持作馬排，每一熟石，用馬百匹，更作人排，又費人力。暨乃因長流水爲排，計其利益，三倍於前……以今稽之，古用虎囊，今用木扇。』（圖書集成，藝術典卷六水排圖說）大概唐宋礦區，如離水近，即多用水排，否則亦用木扇，蓋水力鼓風，既省耗費，又能持續鼓風較強，較持續，故能鎔解多量的礦石也。至於各種冶礦術，則北宋時之政和證類本草，及南宋之嶺外代答，紀述頗詳，茲不贅。

各礦區採礦組織與規模，略如下述：

「銀山……每歲出銀十萬兩，收稅山銀七千兩。」（元和郡國志二十八饒州條）

「饒州銀山，採戶逾萬，並是草屋，延和中火發。」（太平廣記一〇四銀山老人條引報應記）

「州之東北七十餘里，即利國監，自古爲鐵官，商賈所聚，其民富樂。凡三十六冶，冶戶皆大家，藏鏹百萬……近者河北轉運司，奏乞禁止利國監鐵，不許入河北……天下一家，東北二冶，皆爲興利，而奪彼以與此，不亦隘乎？自鐵不北行，冶戶皆有失業之憂……今三十六冶，冶各百餘人，採礦伐炭，多飢寒亡命，強力鷙忍之民也。」（蘇軾徐州上皇帝書）

「且韶彼山帶海，雜產五金，四方之人，棄農畝，持兵器，慕利而至者，不下十萬。窮則公剽，怒則私鬥，輕生抵禁，亡所忌憚，緩其羈紲，則鷹擊而陸梁，急其銜勒，則獸駭而踶嚙。」（韶州新置永通監記金石續編十四）

「廠地去宿松三十里，有山可薪。革得之，稍招合流徙者，冶炭其中，起鐵冶其居旁……冶下多逋逃羣盜……有衆五百人……」（桯史卷六江革諸讖條）

總後二例看來，大概宋時礦工，尙多為飢寒亡命，羣盜不法之人。故蘇軾憂其失業，而欲將彼等編成軍隊。江革且卒藉之以叛亂。而礦場主人，即冶戶，則多為大家，藏鏹百萬。桯史紀錄之江革，且奴使官吏，自練軍隊，豪佔湖田。

礦場工人之分工，除第一二例指出採礦、伐炭以外，應尙有「提鍊」一組。恐提鍊為專門工作，非一般不熟鍊之亡命之徒，所能從事者，故蘇軾未加敘述也。

第一例之伐炭，與第二例之『有山可薪』，似指明爾時礦冶所用之燃料，向爲木料，或木炭（註一）。惟石炭，漢代已知其可爲燃料（註二），唐代山西一帶採掘甚盛：

（註一）桯史卷二『舒之望江，有富翁曰陳國瑞，以鐵冶起家……眺其山木之美，而謀之曰，吾冶方乏炭，此可窯以得貲。』

（註二）曲洧舊聞卷四：『石炭不知始何時，熙寧間初到京師，東坡作石炭行一首，言以之冶鐵作兵器甚精……予觀前漢地理志豫章郡出石可燃爲薪，隋王邵論火事其中有石炭二字，則知石炭用世久矣。』

猗覺寮雜記卷上云：『石炭本朝河北、山東、陜西方出，遂及京師，陳堯佐漕河東時，始除其稅，元豐元年，徐州始發，東坡作詩紀其事。』

『太原府……出城西門，向西行三四里，到石山，名爲晉山，遍山有石炭，

近遠諸州人，盡來取燒，料理飲食，極有火勢。見乃岩石，燋化爲炭，人云天火可燒也。」（入唐求法巡禮行記二）

宋代已以之冶炭作兵。東坡石炭行引云：

『彭城舊無石炭，元豐元年十二月，始遣人訪獲於州之西南白土鎮之北。以之冶鐵作兵，犀利異常云。』

宋代石炭採掘，已極興盛，故或收石炭稅，或官賣石炭，以增收入（見文獻通攷征榷攷）；則礦廠以石炭提鍊之事，非不可能也。不過礦山，未必兼產石炭，如遠道轉運，則運費過昂，或不能採用。因此，各礦或不免仍襲用薪炭也。

× × ×

吾人既將唐宋採冶工業，敍述一過，但仍有一事，不得不略加敍述，即宋代之士大夫，對於鋼與柔鐵之分，尚混淆不淸也。一般平庸的士大夫，不能分別，固無足奇，甚至極爲淵博之沈括，對此亦復混淆，殊堪駭異，玆錄彼所著之夢溪筆談壹則，以見一斑：

『世間所謂鋼鐵者，用柔鐵屈盤之，乃以生鐵陷其中，泥封鍊之，鍛之相入，謂之團鋼，亦謂之灌鋼，此乃僞鋼耳。暫假生鐵以爲堅，二三煉，則生鐵自熟，仍是柔鐵。然而天下莫以爲非者，蓋未識眞鋼耳。予出使至磁州鍛坊，觀鍊鐵，方識眞鋼。凡鉄之有鋼，如麵中有筋，濯盡柔麵，則麵筋乃見，鍊鋼亦然。但取精鐵，煉之百餘火，每煆稱之，一鍛一輕，至雖鍛而斤兩不減，則純鋼也，雖百鍊不耗矣。』（卷三）

吾人於此固可見『僞鋼』、『眞鋼』之混淆，但吾人亦得到『團鋼』、『灌鋼』二詞，及宋時流行之鍊鋼術矣。

二　鑄錢工業

唐代鑄錢工廠數目、所在地、規模及產量，可於下引文中看出：

「武德四年洛、幷、幽、益、桂等州皆置監，開元二十六年，宣、潤等州初置監。天下爐九十九：絳州三十；楊、潤、宣、鄂、蔚皆十；益、郴皆五；洋州三，定州一；（鄧州五 據舊唐書補），每爐歲鑄錢三千三百緡，設丁匠三十，費銅二萬一千二百觔，蠟二千七百斤，錫百斤。每千錢費七百五十，天下歲鑄三十二萬七千緡。」（新唐書食貨志）

「凡鑄錢有七監，會昌中，增至八監，每道置鑄錢坊一。」（舊唐書食貨志）

「元和七年……李吉甫奏臣訪聞飛狐縣三河銅山，約數十里，銅礦至多，去飛狐錢坊二十五里。兩處同用拒馬河水，以水斛銷銅。北方諸處，鑄錢工人絕省，所以平時三河冶置四十爐鑄錢，舊跡並存……今但得錢本，令本道應接人夫……七月起工，至十月置五爐鑄錢，每歲鑄成一萬八千貫。』（元和郡國志卷十四蔚州）

『永平監，置在郭下，每歲鑄錢七千貫』。（同書廿八饒州）

『梅根監，幷宛陵監，每歲共鑄錢五萬貫。』（同前宣州）

宋代鑄錢，有銅錢，有鐵錢，鑄廠所在地，據玉海引宋會要云：

『元豐諸路鑄錢，銅錢一十七監：西京阜財監，衞州黎陽監、永興軍監，陝州華州監，絳州垣曲監，舒州同安監，睦州神泉監、興國軍富民監，衡州熙寧監，鄂州寶泉監，江州廣寧監，池州永豐監，饒州永平監，建州豐國監，韶州永通監，惠州阜民監。鐵錢九監：虢州朱陽兩監，商州阜民，河南兩監，威遠鎮、滔山鎮兩監，興州濟虎監，嘉州豐遠監，邛州惠民監。……元豐四年二月，詔秦州置監，六年三月詔徐州置寶豐監；五月，梧州置監，萬州置鐵錢監：八月同州置鉄錢監，渭州復置博濟監。八年詔能增增置監十有四……中興鑄錢，有饒州永平監、池州永豐監、江州廣寧監、建寧府豐國監、韶州永通監、贛州鑄錢監、嚴州神泉監。紹興二年八月令永豐監卒寓役於饒，廣寧監卒，寓役於虔，移少就多也。」

宋代鑄錢廠之規模，內部分工情形，及產量如下：

『蘄春鐵錢監，五月至七月，號爲鐵凍，例閣。鑪鞴本錢四，可鑄十，鐵炭稍貴，六可鑄十，工雇費皆在焉。其用工之序有三，曰沙模作，次曰磨錢作，末曰排整作。以一監約之，日役三百八，十日可鑄一萬緡，一歲用工九月，可得廿七萬緡。』（游宦紀聞卷三）

『歲用銅百萬斤，可得成幣三巨萬……模沙、冶金、分作有八，刀錯、水瑩、離扃爲二……董舊巧，募新習，最怠勵勤，授以程準，日課千緡，不衍於素……初郡之銅山，五歲共市七萬，前太守潘，一歲市百萬，及欒公繼之，乃市三百萬，明年又差倍之，歲運羡銅三百萬，以贍嶺北諸冶。』（韶州新置永通監記，金石萃編續編卷十四）

兩代相比，唐代銅錢之成本，與成品之比，爲七十五與一百之比，宋代鐵錢，爲四與十，至六與十之比。宋代一監每年鑄錢之數（廿七萬緡），已將及唐代天下諸監鑄錢之總數（三十二萬餘緡）。即令唐代十道錢坊鑄錢總數，能與諸監鑄錢總數相等，而宋代銅鐵二十六監鑄錢之總量，亦當十餘倍於唐時也。由貨幣數量之比較，及兩代國土之比較，則兩代貨幣經濟發展之程度，已思過半矣。

但唐宋二代，除官監鑄錢外，私工業方面，亦有鑄錢者，唐代有時且以鑄錢爐賜與皇子、臣下：

『武德……賜秦王齊王三爐……裴寂一爐以鑄。』（新唐書食貨志）

此外，唐代違法鑄錢之事，頗爲流行。新唐書食貨志云：

「然私錢犯法日蕃，有以舟筏鑄江中者……儀鳳中，江民多私鑄錢爲業……武后時，江淮游民，依大山陂海以鑄……開元二十六年……盜鑄益起，廣陵、丹陽、宣城尤甚，京師權豪，歲歲取之，舟車相屬，江淮偏鑪錢數十種。」

宋代私鑄亦甚盛，至無法查禁時，而有下述的辦法：

「募私鑄人……官給以物料，盡其一家人力鼓鑄，計其工直，率十分中支若干分數，充其工價。」（見前

三 金屬工業

舊唐書職官志：「掌冶署……掌鎔鑄銅鐵器物」，新唐書百官志：「諸冶監，掌鑄兵農之器，給軍士，屯田居民。」以上爲唐代都城及各地的官府銅鐵工業。

洞天清錄集云：

『勾容器，非古物，蓋自唐天寶間，至南唐後主時，於昇州勾容縣，置官場以鑄之，故其上，多有監官花押，甚輕薄，漆黑款細……世所見天寶時大鳳環瓶，此極品也。』

『天寶時，於昇州勾容縣，置官場鑄銅器，名爲勾容器。』（稗史類編）

則唐代於諸州，亦或設高等銅工業官場。大概唐代銅工業的中心，當以揚州爲最。關於揚州所貢的銅鏡，白居易詩中，曾充分的敍述出鑄造的神祕性：

『江心波上舟中鑄，五月五日日午時，鏡成將獻蓬萊宮，背有九五飛天龍；太宗常以人爲鏡，鑒古鑒今不鑒容，乃知天子別有鏡，不是揚州百鍊銅。』

據六典，其他貢銅器的，只有桂州銅盤，但新唐書食貨志云：『大曆七年，禁天下鑄銅器，……銷千錢，爲銅六斤，鑄器，則斤得錢六百，故銷鑄者多』，可見私工業方面，唐代各地銅工業，亦頗發達。

至於宋代銅工業中心，除兩宋都城及揚州外，(見蘇軾詩前引)當以太原(見前)、長沙、臨川、隆興及桂林爲最：

『淳熙四年，右諫議大夫劉晉之言……京城之銷金、衢、信之鍮器，醴泉之樂具，皆出於鐵。臨川、隆興、桂林之銅工，尤多於諸郡。姑以長沙一郡言之，烏山銅爐之所，六十有四，麻潭鵝羊山，銅戶數百餘家。』(宋史食貨志)

× × ×

唐代貢鐵器的，六典中只有邠州的火筋、剪刀。(新唐書地理志，有舒州鐵器)但農具，及一般鐵器的需要，爲量甚大。鐵器工業，除京師有鐵行，後引之號縣神針，及吳地記之釘行外，各地多無記載。據六典云：

『其西邊北邊諸州，禁人無置鐵冶，及採鑛，若器用所須，則具名數，移於所由官供之，私者私市之。』

可見各地私工業的鐵坊，或鍛坊，當亦不少，特邊境諸州，不許置鐵冶耳。由唐迄宋，有時農器征稅，有時且與普通租稅同樣的，派征於農民。直至宋代『大中祥符元年，詔免諸路州軍，農器收稅』（文獻通攷十四）。宋代『鍛坊』（夢溪筆談），『鐵器鋪』（夢粱錄），已爲一般私工業，產品且遠銷國外（見中國文化史），茲將兩代筆記中之敘述鐵工業者，略錄數則：

『至鐵冶處，有煅鐵尉遲敬德者，方袒露蓬首煅煉之次……尉遲公怒曰：「我打鉄人……」……尉遲公與其徒，拊掌大笑。』

『上饒薗溪鐵精而工細……余中表以剪刀二柄遺贈……一上鑿字曰二儀刀。』（清異錄）

『醴陵，縣出方鑾，鉄工家者，屋琅然。其法以歲久鐺鐵爲勝，常以善價買

之，甚破碎者，亦入用。』（驂鸞錄）

『梧州生鐵在鎔，則如流水，然以之鑄器，則薄幾類紙，無穿破。凡器既輕，且耐久，諸郡鐵工，煆銅，得梧鐵雜淋之，則如至剛。』（嶺外代答卷六）

『雷州鐵工甚巧，製茶碾、湯甌、湯匱之屬，皆若鑄就。』（同前）

大概在唐代，鐵工中，已極端分化，故吳地記有釘行廣異記有削家及『虢縣田婆神針』（見太平廣記四七，許棲霞條）及乎宋末，則夢粱錄，於鐵器舖外，更記有『針鋪』。針匠之記述（南北朝之魏書，卽有記述），當以淸異錄爲最詳：

『針之爲物，至微者，問諸女流、醫工，則詳言利害……朱湯（註）匠氏，諳熟粗好，四方所推。金頭黃鋼少品醫工用以砭刺者，大三分以製衣，小三分以作繡。』

（註）一本『朱湯』作『耒陽』。

×　×　×

唐宋打造金銀器皿者，官業方面，唐有諸冶署、中尙署（見新唐書百官志），宋代有文思院（見宋史職官志）。唐代金工之分類，據六典云有十四種：「銷金、拍金、鍍金、織金、砑金、披金、泥金、鏤金、撚金、口金、圈金、貼金、嵌金、裹金」（圖書集成，食貨典引），宋代分類，據宋史輿服志云：「大中祥符七年，禁民間服銷金，及跋遮那纈。八年詔內庭自中宮以下，並不得銷金、貼金、間金、戭金、圈金、解金、剔金、陷金、明金、泥金、楞金、背影金、盤金、織金、金線撚絲，裝着衣服，並不得以金爲飾。」

至於私工業的金銀作業，除金銀行、打鈒、鑪鞴，及金匠、銀匠等籠統名稱外，殊少詳細的紀述。大概二代打造金銀粧奩，及一時豪華相尙的金銀器皿，極爲盛行，奢華之甚者，或以銀鏤爲屛風：

寺院之金銀佛像，爲數頗多（見酉陽雜俎），而寺觀召集銀匠造功德（見前引太平廣記）當亦造作佛像一類的作品也。

至於宋代，則長沙銀製茶具，頗行馳名：

『長沙匠者，造茶器，極精緻，工具之厚，等所用白金之數。』（清波雜志卷四）

『長沙茶具，精妙甲天下，每副用白金三百星，或五百星，凡茶之具悉備，外則以大鏤銀合貯之。』（癸辛雜識前集）

四　染織工業

唐代的染料，尚多爲植物。六典云：

『凡染大抵以草木而成，有以花朵，有以基實，有以根皮，出有方土，採有時月，皆率其屬而修其職焉。』（卷廿二）

直至宋代，植物染料，仍然盛行

『買到……紅草數百斤，本州收買紫草千百斤。』（朱子大全集按唐仲友第三狀）

六典云染色之大別有六，『青、絳、黃、白、皂、紫』。至於六典戶部貢賦項下之『代州熟青，熟綠』，疑卽礦物染料，因他處，又記有『石青，石綠』，與『熟青，熟綠』有區別也。

× × ×

此外，唐代已發現印花布：（註）

「明皇柳婕妤……妹……使工鏤板爲雜花象之，而爲夾結，因婕妤生日，獻王皇后一疋，上見而賞之，因敕宮中依樣製之，當時甚祕，後漸出，偏於天下。』（唐語林卷四）

（註）原田淑人云：印花布，可分三種：纐纈，夾纈，蠟纈及摺染（見由考古學上看到的中日文化

（底交涉，清華週刊叢書之一）

事實上，前說不盡可靠。據六典，南州、棠州、振州、雷州、富州，均貢斑布。大概南中斑布，北銷特少，達官貴人，因少而轉相餽遺，未能普及，及見宮中印花，細緻異常，故時人訝以爲祕貨也。（註） 時至宋代，確不希奇，染肆工人，已優爲之，而『京纈』之名，頓傳於世。

（註）北魏時代，已有紫纈，北史二四封千傳云：「滎陽鄭雲，諂事長秋卿劉騰，貨紫纈四百匹，得爲安州刺史。」南北朝時代，南方斑布，亦極盛行。

『開寶……洛陽賢相坊，染工人姓李，能打裝花纈，衆謂之李裝花。』（洛陽舊聞記）

『兒女需京纈，經時買未回，似嫌無艾虎，不肯換生衣。』（後村大全集廿二乙卯

端午十絕之八）

南宋時，官吏且有乘勢勒令雕匠，造板牟利者：

『又乘勢雕造花板，印染斑纈之屬，凡數十片，發歸本家綵帛鋪，充染帛用。』（朱子大全集前文）

記述斑纈之最詳細者，當推嶺外代答：

『猺以藍染布為斑，其紋極細。其法：以木板二片，鏤成細花，用以夾布，而鎔蠟灌於鏤中，而後乃釋板，取布投諸藍中，布既受藍，則煮布以去其蠟，故能受成極細斑花，炳然可觀，故夫染斑之法，莫猺人若也。』

× × ×

唐代官府染色工業，有染坊：

『賊張韶等百餘人，至右銀台門，殺閽者，揮兵大呼，進至清思殿，登御榻

而食……辛丑，染坊使……流天德，以張韶染坊役人故也。』（舊唐書敬宗紀）

宋代則都城有染院（見前），各織綾錦場務，有染工（見蜀錦譜序），私工業中，除綵帛鋪兼營染業外，尚有獨立的染肆，染坊，多數是收受他人絹帛，代爲染色者：

『家傍有民張染肆，置簿，識其目。』（梁溪漫志，九，江陰士人彊記條）

『陳諫者市人，強記，忽透染人岩藉所染綾帛尺寸爲簿。』（國史補）

『令染鋪夏松收買紫草……』（朱子大全集前文）

關於染色工業的討論，即以此爲止。

× × ×

唐宋兩代，紡織原料，多爲麻、絲與毛。棉只南方兩廣一帶，有紡織者。至宋末元初，方由閩入浙、蘇（見陔餘叢考）唐代的絲織物，多名爲，綾、絹、紵、紬、紗、羅、縠。麻織物，則稱爲布，葛布亦稱布。毛織物，則稱爲褐。

唐代官織機關，爲染織署，東都有官錦坊（見全唐詩廿八織錦人）但隋代『中尚方，又別領別局，涇州絲局，雍州絲局，定州紬綾局四局丞』（隋書百官志），則一切襲隋之舊的唐代，各地亦應有染織機關，特史未明言耳。

× × ×

唐代各物產地，茲據六典戶部貢賦項下，摘述於下：

『鄭、汴、許、陳、亳、宋、曹、濮、鄆、徐等州絹，汝州細絁；陝，潁，徐三州紬、絁；仙，滑二州方紋綾；豫州鷄鶒綾、雙絲綾……兗州鏡花綾……青州仙文綾……密州布，海州楚布（以上河南道）……隰，石二州胡女布（以上河東道）……恆州貢春羅、孔雀等羅，定州兩窠紬、綾……洛、博、衞等州平紬……魏州綿、紬……瀛、深、冀、德、棣等州絹，相州紗……邢州絲布……恆州羅，定州紬、綾，幽州范陽綾（以上河北道）。荊州交梭縠，子方縠，紋綾；郢、隨、庸、潞、眞、鄧、利、果等州絲布；復、郢、開等州白紵；隨州綾，唐州絹……歸州紵、麻布；洋州白交梭，壁、巴、蓬通、忠、渠等州綿，紬；涪州連頭獠布；渝、峽、隨等州葛……閬州重運綾；襄州白縠，巴州布，房州紵，襄州白綸巾（以上山南道），揚州細紵；盧州交梭，由光二州貢絺、綄、葛；楚州貢孔雀布；和州紵練，滁、沔二州麻、貲布；蘄、舒二州白紵、布；黃州紵、貲布，安州紵、布；壽州葛布，盧州布（以上淮南道），潤州方基水波綾，常州紫綸巾、兔褐，蘇州紅綸巾，杭越二州白編，睦、越二州交梭，越州吳綾，建州蕉練……澧州龜子綾，郎州紵練……常、湖、歙、宣、虔、吉、郴、袁、岳、道等州白紵、布，宣州綺，南州斑布（以上江南道），益、蜀二州單絲羅，益州高杼衫段，彭州交梭，簡州紬，漢州紵、布、彌牟布；綿州雙紃，梓州、遂州樗蒲綾……邛、劍、嶲等州布，榮州斑布（以上劍南道），連州紬布……振州斑布……韶州竹子布……雷、富州斑布。（以上嶺南道）』

宋代除兩京有綾錦院外，多就絲織業中心，設官場織造，或市買。故各大紡織中心，亦可由官設場務地點窺見之：

『宋承前代之制，調絹、紬、布、絲、綿以供軍須，又就所產折科和市。其織麗之物，則在京在綾錦院，西京、眞、定、靑、益、梓州場院，主織錦、綺、鹿胎、透背，江寧府潤州有織羅務，梓州有綾場，亳州市縐紗，大名府織縐縠；靑、齊、鄆、濮、濰、沂、密、登、萊、衡、永、全州市平絁，東京榷貨務，歲入中平羅，小綾各萬疋……太平興國中，停湖州織羅務女工五十八人……詔川峽市買場、織造院，自今非供軍布帛，其錦綺、鹿胎、透背、六銖、欹正，龜殼等段疋，不須買、織，民間有織賣者，勿禁。』（宋史食貨志）

大概唐代高等絲織物的產地，約爲今之河南、河北、山東、浙西（註）及四川。四川的地位在宋時，更趨重要，及至南宋，則幾成爲織物中心，財富之窟了。

（註）『李德裕爲浙西觀察使，穆宗詔索盤條繚綾千匹。』（容齋五筆三）

× × ×

唐中葉時，越人尙不工機杼：

『初越人不工機杼，薛兼訓爲江東節度，乃募軍中未有室者，厚給之貨幣，密令北地娶織婦以歸，歲得數百人，由是越俗大化，競添花樣，綾紗妙稱江左矣。』（國史補卷下）

五代以後，湖南、江西之紡織，始日趨興盛：

『湖南民不事桑蠶，郁命民輸稅者，皆以帛代錢，未幾，民間機杼大盛。』

（通鑑紀事本末，四十，馬殷之亂）

『聞說萍鄉縣，家家有絹機。』（後村大全集卷五萍鄉。）

宋末，廣西一帶，尙不工製絲：

『廣西亦有桑蠶，但不多耳。得繭不能爲絲，但煮以灰水，引以成縷，以之織水紬。』

× × ×

兩代最美麗的織品，及新織品如下：

『安樂出降武延秀，蜀川獻單絲碧羅籠裙，縷金爲花鳥，細如絲髮，大如黍米，眼鼻嘴甲俱成，明目者方見之。』（舊唐書五行志）

『同光年……見霞彩可人，命染院作霞樣紗。』（淸異錄）

『莊宗滅梁平蜀……命蜀匠旋織十幅無縫錦爲被材。』（淸異錄）

『臨川上饒之民，以新智剏作醒骨紗，用純絲蕉骨，相兼撚織。』（清異錄）

『經籚織輪相鈴杵器物，及天下太平，皇帝萬歲等字於繁花縟葉之間，今不復見此等織物矣。』（吳船錄）

總括說來，唐代絲織技術，南北尚有差別，『河北絹，經緯一等，故無背面。江南絹，則經粗而緯細，有背面。』（洞天清錄集，古畫辨）

至於宋代，南北絲織業，是否尚有此區別，頗是疑問，惟南宋以來，黃河平原，淪於金人，淮河流域，變爲國疆，日常征戰之地，工業中心，或不免南遷也。

×　　×　　×

唐代各州貢毛織物的，據六典有會州駞褐、隴右道毛褐、洮州毛毲、西州白氈、涼州氈布、常州兔褐。國史補云『宣州以兔毛爲褐，亞於錦綺，復有染絲織者，尤妙。』紡織鳥毛者，僅一見焉：『安樂公主使尙方合百鳥毛織一裙。』(新唐書五行志)

宋初，毛褐之衣，尙盛行，演繁露毛褻條云：

『徐常侍鉉，入中原，以織毛衣制本出胡虜，不肯被服。』(卷十三)

『元代攻下汴京時，曾俘虜織毛褐工三百。』(見元史鎭海傳)

唐宋兩代，官府均有氈坊、毯坊，(見事物紀原卷六)唐代貢氈者，有安西，及蒲、絳、鄭、貝原夏等州。(見六典三及廿)但毯亦有以絲織者。

× × ×

五　武器製造

唐代官府之武器製造工業，初屬少府監，後置軍器監（見新唐書百官志），玄宗時，又有北都軍器監（六典），諸冶監，亦兼造兵器，各節度使屬下，亦有製造軍器的場所。軍器的種類，六典敍述如下：

『凡軍鼓之制有三：，一曰銅鼓，二曰戰鼓，三曰鐃鼓。金之制有四：一曰錞，二曰鐲，三曰鐃，四曰鐸。弓之制有四，一曰長弓，二曰角弓，三曰稍弓，四曰格弓。弩之制有七：一曰擘張弩，二曰角弓弩，三曰木單弩，四曰大木單弩，五曰竹竿弩，六曰大竹竿弩，七曰伏遠弩。箭之制有四：一曰竹箭，二曰木箭，三曰兵箭，四曰弩箭。刀之制有四，一曰儀刀，二曰鄣刀，三曰橫刀，四曰陌刀。槍之制有四，一曰漆槍，二曰木槍，三曰白幹槍，四曰撲頭槍。甲之制十有三：一曰明光甲，二曰光要甲，三曰細鱗甲，四曰山文甲，五曰烏鎚甲，六曰白布甲，七曰皁絹甲，八曰布背甲，九曰步兵甲，十曰皮甲，十有一曰水甲，十有二曰鎖子甲，十有三曰馬甲，(原註云今明光、光要、細鱗、山文、烏鎚、鎖子，皆鐵甲也。皮甲以犀兕爲之)。彭排之制有六：一曰膝排，二曰團排，三曰漆排，四曰木排，五曰聯木排，六曰皮排。旗之制三十有二：一曰青龍旗，二曰白獸旗……。袍之制有五：一曰青袍，二曰緋袍，三曰黃袍，四曰白袍，五曰皁袍(原註云今之袍皆繡畫以武豹鷙鵰之屬)。器用之制有八：一曰大角，二曰鼙，三曰鉞斧，四曰鐵蒺藜，五曰棒，六曰鉤，七曰鐵盂，八曰水斗。』

私工業方面之製造軍器者，當亦不少，由政府欲立官樣，以便統一軍器(見六典)，可以見之。當時製造軍器的工人與地域，似已有專化的傾向：

『李德裕節度西川，請甲人於安定，弓人河東，弩人浙西，蜀兵器皆犀利。』

宋代官府軍器製造機關，玉海所記，尙爲簡核：

『太祖初卽位，以魏丕爲作坊副使。開寶九年……分作坊爲南北，歲造甲鎧、具裝、鎗、劍、鋸、器械、及床子弩等，凡三萬三千（舊床子弩，射止七百步，丕增至千步）是歲又置弓弩院（舊在太平坊，後徙宣化坊），歲造弓弩箭鏃等凡千六百五十餘萬。又有南北造箭庫。咸平六年，合爲造箭院，隸弓弩院。天禧四年四月，詔南作坊之西偏，爲弓弩造箭院，諸州有作院、歲造弓弩箭劍甲冑，箭鏃等六百二十餘萬。』（卷五二二）

於上述諸機關以外，兩宋俱有御前軍器者，亦爲軍械製造機關，茲將南宋都城造軍器的工匠數目列後：

『（靖康間）御前軍器監、軍器所，萬全軍匠，以三千七百爲額，東西作坊匠，以五千爲額，外復給日錢百七十，月米七斗半。』（圖書集成戎政典二六六）

『本所萬全指揮，及東西作坊，見役五千七百餘人，歲支錢二十九萬緡，約

米四萬斛……更於諸州作院，差撥兵士入所者，又一千餘人，歲支錢八萬緡，米約九千餘斛。』（見前）

宋代諸路造作軍械，對於工匠、緡錢、原料，多求中央支發，如

『元豐五年七月，鄜延路……奏乞緡錢百萬，工匠千人，鐵生熟五萬斤，牛馬皮萬張，造器械，並給之。』（圖書集成戎政典二六六）

諸州作院，匠人極少，至或拘市人造之：

『王雱上疏曰……臣嘗觀諸州作院，兵匠乏少，至拘市人以備役，所作之器，但形制而已……莫若更制法度，斂數州之作，聚爲一處，若今錢監之比，擇知工事之臣，使專其職，且募天下良工，散爲匠師，而朝廷內置工官，以總制其事。』（圖書集成戎政典二六六）

諸州作院之弊，雖應改良，但至南宋，仍然未改：

『本軍奉聖旨打造步人弓箭手鐵甲。一年以三百日爲期，兩日造一副，昨已打造五十副了畢，申令起發。繼准樞密院劄子，檢坐元降指揮，只令如法椿收。竊緣上件鉄甲，計用皮鐵匠一萬八千，工錢五千二百貫，匠人多係遠鄉農民，追呼騷擾，離家失業……如有不足，可令諸州有作院處，多募役兵，漸次打造。』

（朱子大全集廿與曾左司事目劄子）

諸州作院之最大陋規，爲官吏私令工匠帶造物品：

『鉄匠作頭林明投白紙，當廳供係本州差使在教場內打造軍器，內仲友私打造衣甲二副，湯瓶三十三隻，鍮石頭盔二副，並係官中鐵料工力，仲友收受入己，曾支食錢三貫文，酒六瓶，作送到犒賞。仲友男亦曾令私打竹節鞭一條。監造官林路分，亦各私造鉄甲頭盔一副，湯瓶十三隻，雜物五十餘件，箭三百隻。幷差待缺官邢判院同監造，亦私自造刀斧、箭、交椅，數目已多。又怒林明不與

依樣打造，凡九次斷決十杖。』（前書，按唐仲友四狀）

這種帶造的陋規，延至元時，竟至須以詔令禁止了。（見元典章五八不得帶造生活）

× × ×

上面已將宋代軍器製造，大概敘述已畢。但宋代有一特殊事件，尚未敘及，即火藥與猛火油之應用是也。官府製造火藥的機關，據麈史云：

『宋次道東京記說八作司之外，又有廣備攻城作。今東西廣備，隸軍器監矣。其作凡十一目，所謂火藥、青窰、猛火油、金火、大小木、大小爐、皮作、麻作、窰子作是也。皆有制度作用之法，各誦其文而禁其傳。』

宋初火藥製造，已無紀錄，茲錄宋末元初，關於火藥庫之紀述一段，以見一斑：

『……溧陽私第，作圜象四虎於火藥庫之側。一日焙藥，火作，衆砲儵發……

……至元……維楊砲庫之變……不諳藥性，碾硫之際，火焰齊起，既而延燎，火槍奮起，迅如驚蛇，方玩以爲笑，未幾透入砲房，諸砲迸放。』（癸辛雜識前集砲禍條）因火藥之應用，故砲術亦日加改良（註）；及乎南宋末年，則因金元之影響，遂有所謂「回回砲」矣。（見續通攷兵攷）

（註）金人圍開封時，宋軍有砲五百尊，無人收領，致被金人取去（見宣和遺事利集靖康元年十一月條）

× × ×

宋代私工業之製造軍器者，似與唐相同，多爲皮匠與鐵匠之兼業，惟彼等只能造鎧甲與刀劍，（唐代專製刀劍者，似稱爲削家，削師——見前）至於弓弩，則自另有專家也。

宋代官工業中之軍器製造法式，及材料學，已有專門法令，與書籍。除前列之廣備攻城作外，又有下列記述：

『神宗留意軍器，設監以侍臣董之，前後講究制度，無不精緻，卒着爲式，合一百一十卷、蓋所謂辨材一卷、軍器七十四卷、什物二十一卷、雜物四卷、添脩及制造弓弩式十一卷是也。』（麈史上）

『慶曆五年……詔諸路進甲仗須知……淳熙六年……閻蒼舒言……瀘州有渾器矩模一書。』（玉海二五一）

六　造船工業

唐宋官府造船機關，有中校署，及都水監屬下之諸津令（並見六典），而造船之最大中心，當推揚州；據唐語林云：

「(劉)晏初議造船，每一船用錢百萬……乃置十場於揚子縣，專知官十人，競自營辦，後五十餘歲……至咸通末……」

其他各處，官方或傳議船廠：

『閻立德……太宗時爲大匠，卽洪州造浮船大航……韓滉爲鎭海節度使，造樓船三千柁，以舟師由海門大閱，至申浦乃還。』(玉海卷一四七)

宋代官業造船，在汴京有『造船務』，及『南造船務』，打造戰船。汾河岸亦短期有造船廠(並見宋史太祖、太宗本紀)。至於裝造海船中心，約爲明州。因官府出使之船，多令明州裝飾故也。使船之形制，據高麗圖經客舟條云：

『舊例，每因朝廷遣使，先期委福建兩浙監司，顧覓客舟，復令明州裝飾，略如神舟，具體而微。長十餘丈，深三丈，闊二丈五尺，可載二千斛，其制，皆以全木巨枋，攙疊而成。上平如衡，下側如刃，貴其可以破浪而行也。其中分爲三處。前一倉，不安船板，唯於底安爐與木櫃，正當兩檣之間也。其下卽兵甲宿棚。其次一倉，裝作四室。又其次一倉，謂之廥屋，高及丈餘，四壁施窗戶，如房屋之制，上施欄楯，采繪華煥，而用簾幕爲飾。使者官屬，各以階序分居之。上有竹篷，平時積疊，遇雨則鋪蓋周密。然舟人極畏廥高，以其拒風，不若仍舊爲便也。船中兩頰柱中有車輪，上綰藤索，其大如椽，長五百尺，下垂矴石，石兩旁，夾以二木鉤……若風濤緊急，則加遊矴……遇行則卷其輪而收之。後有正柂，大小二等，當廥之後，以上插下二掉，謂之三副柂……又於船腹兩旁，縛大竹爲橐以拒浪……大檣高十丈，頭檣高八丈。風正則張布颿五十幅，稍偏，則用利篷，左右翼張，以便風勢。大檣之巔，更加小颿十副，謂之野狐颿……海行不畏深，惟懼淺閣……故常以繩垂鉛錘以試之。每舟篙師水手可六十人……若夫神舟之長闊高大，什物器用人數，皆三倍於客舟也。』（卷廿四）

宋代國內造船中心，約爲荆江淮浙。

『奏云：邢恕乞打造船五百隻，於黃河順流放下，至會州西小河內藏放，有旨尋委臣監督，限一年了當。契勘本路，只有船匠一人，須乞於荆江淮浙和雇，又丁線物料，亦非本路所出。』（容齋四筆，六，記李履中二事）

『泊新河口，距沙市三四里，蓋蜀人修船處。』（入蜀記卷五）

沿黃河一帶，亦有造船者：

『移攝鄭州原武縣事……時提舉炭事者，挾其弟貴權勢，要功肆虐，建委沿流造舟，威震郡邑。』（高麗國經附錄徐公行狀）

各地造船技術，已有差別：

『深廣沿海州軍，難得鐵釘、桐油，造舟皆空板穿藤，約束而成，於藤縫中，以海上所生茜草乾而窒之，遇水則漲，舟爲之不漏矣。其舟甚大，越大海商

航，皆用之……今蜀舟底，皆以柘木爲釘，蓋其江多石，不可鐵釘耳。』（嶺外代答六，藤舟）

宋代造船技術，約較外國爲高，故代外人修船時，特爲之造轉桅：

『嘉祐中……使人爲其治桅，桅舊植船木上，不可動，工人爲之造轉軸，教其起倒之法。』（夢溪筆談卷廿四）

由唐至宋，船上時有簡單的推進機（蒲壽庚攷一百頁），玉海記云『咸平三年八月戊申，造船務匠項綰等獻轉海船式』，疑亦其類也。

唐代征高麗卽由登萊以水師而行，日僧圓仁亦由登州人造船送歸。（見入唐巡禮求法行記）及至五代時，沿江諸國，卽時以戰艦爭戰。宋初平南唐，亦於汴京先造戰艦。及乎南宋，以江淮爲邊境，故長江運輸，內江戰爭，多恃戰艦及運輸船，至於海上戰爭，外洋貿易，對於沿海造船，嘗更予以刺激也。

七　造紙工業

唐代官府造紙機關，有中尙，右尙署（見新唐書百官志），至於各州貢紙者，據六典太府寺典藏署項下註云：

『益府之大小黃白麻紙……杭、婺、衢、越等州之上細黃白狀紙……均州之大模紙，宣、衢等州之案紙、次紙，蒲州之細白紙。』

至於中書省、門下省、各書館之熟紙匠，則疑是加工者也。

私工業造紙之記述，三水小牘云：『唐文德……鉅鹿郡南和縣街北有紙坊，長垣悉曝紙』，『硬黃紙，唐人用以書經，染以黃蘗，取其辟蠹，以其紙加漿，澤瑩而滑，故善書者多取之。』（洞天淸錄集古翰墨眞蹟辨）造紙技術，南北已不同：『北紙用橫簾造紙，紋必橫，又其質鬆而厚，謂之側理紙……南紙用豎簾，紋必

堅。」（同前）

宋代官業造紙機關，據夢梁錄云：

『官造會紙局，在赤山湖濱。先造於徽城，次成都，以蜀紙起解。後因路遠而弗給，詔杭州置局於九曲池，遂徙於今。安溪亦有局，仍委都司官屬提領，但工役經定額，見役者，日以一千二百人耳。』（卷九）

宋代紙料，已漸不用麻，多用楮、桑、竹。產地中心，以蜀爲最，蜀牋譜云：

『廣都紙有四色：一曰假山南，二曰假榮，三曰冉村，四曰竹紙，皆以楮皮爲之，其視浣花牋紙最精潔，凡公私簿契書卷圖籍文卷，皆取給於是，廣幅無粉者，謂之假山南。狹幅有粉者，謂之假榮，造於冉村者曰清水，造於龍區鄉曰竹紙。蜀中經史子集，皆以此種傳印，而竹紙之輕細似池紙，視上三色稍貴。近年

又倣徽池法，作勝池紙，亦可用，但未甚精耳。』（中國雕板源流考引）

宋人筆記中，述及蜀紙及各地名紙者，頗多，茲不錄。下錄南湖集寄春膏牋與何同叔監簿因成古體詩一首，以示紙舖之一斑，詩如下：

『蘇州粉牋美如花，萍文霜粒古所誇：近年專製淺蠟色，軟玉瑩膩無纖瑕，盤門繫纜高橋住，呼僮徑訪孫華舖；琱鎪紅碧任成堆，春膏且問如何去。乃知剡溪桃花黃，楮君同譜生殊鄉；買來論擔不計數，直侯東西花草香；其時霡霂吹微雨，潤物無聲似膠土；展開千幅向曉空，漬染都勻抬輕杵；檮成一色堅且明……』

夢粱錄中亦記有紙劄舖，惟恐係販賣，而非製造者也。

宋代造紙家，常於紙上印記姓名。且有時印書書，亦有自造紙者。據中國雕板源流考引：

天祿琳瑯：『唐書印紙，堅緻瑩潔，每頁有武侯之裔篆文紅印，在紙背十之九。似是造紙家私記其姓爲諸葛。』

『按南宋槧本本草衍義，每葉中縫反面，有楷書「京北方塘文房朱記」，東華續錄：「高宗朝，諭鐘音訪建安余氏苗裔者，奏稱其祖印書，紙皆自造，在紙上印勤有堂字樣」，因知古時刻書，有自造紙者。』

八　印刷工業

唐代宏文館，有學生三十人、典書二人、搨書手三人；集賢殿書院，有書直及寫御書一百人，搨書手六人（見六典及新唐書百官志）。搨書手，疑卽搨印之人。唐太史局，每年預造來歲曆，頒於天下，（見六典）疑亦或印刷成者，宋代之欽天監印曆所，卽掌印曆書。（見宋史職官志）

印刷工業，雖云行於唐世，但唐初摹搨，尚居重要地位，觀於石經及名法帖之傳世，而見於記述者，當可見一斑，前述之搨書手，當亦摹搨之類也。中葉而後，雕印漸行：

『元微之作白氏長慶集序，自注曰：楊越間，多作書摹勒樂天及予雜詩，賣於市肆之中。夫刻石亦可云摹勒，而作書鬻賣，自非鏤板不可，則唐之中葉，吾浙已有刊板矣……五季之頃，其行轉盛。』（兩浙古刊本考）

『紇干尚書泉，苦求龍虎之丹，十五餘稔；及鎮江右，乃大延方術之士，作劉佮傳，雕數千本，以寄中朝。』（中國雕板源流考）

但唐代印書最盛者，爲寺院之印經。

『買維摩關中疏四卷，價四百五十文。』（入唐求法巡禮行記卷一五三頁）

唐代日本僧人多多至中國留學，購、抄佛經，故日本今尚有唐刻本佛經（見雕板源流考），前述之維摩關中疏，疑亦刻本，故能以四百五十文賺之也。

唐末，益州維揚印書業大盛。五代而後有監本。宋代印書，官府除國子監書庫外，多下杭、越、益都轉運司雕板，可見印書工業集中之地。洞天淸錄集云：

『鏤板之地有三，吳，越，閩。』老學菴筆記云：

『天下印書，以杭州爲上，蜀本次之，福建最下。京師比歲印板，殆不減杭州，但紙不佳，蜀與福建，多以柔木刻之，取其易成而速售，故不能久。』各地學官，亦往往印書以供學子之用，或且印書求利以贍學（見夢溪筆談宋刊本跋）

宋代活字印刷，見於夢溪筆談及雕板源流考，玆不累述，吾人於此，願更錄宋代書肆名稱數則：

『仁寶書堂、秀岩書堂、王八郎書鋪、務本書鋪、世翰堂、傳授堂、陳解元

書籍鋪、郭宅紙鋪、尹家書籍鋪』（雕板源流考），『郭宅經鋪，賈官人經書』（兩浙古刊本攷）

印書工業，內部約分爲雕工，或稱刻工，或稱鐫手，印匠或印工，及裱鐫工，各部均有『作頭』，或『把總』。（參閱兩浙古刊本攷及雕板源流考）

宋代印書之肆，除刊印名貴書籍外，多投時好，印售易售之書畫。

『宋初已有書肆印賣新狀元賦，如後世印賣鄉會試卷之例，坊刻之多，可知矣。』（雕板源流考二六頁）

『京師民畫其（司馬光）像，刻印鬻之，家置一本……四方皆遣人購之京師，時畫工有致富者。』（雲谷雜記）

『自國家取士場屋，世以決科之學爲先，故凡編類條目，撮載綱要之書，稍可以便檢閱者，今充棟汗牛矣。建陽書肆，方日輯月刊，時異而歲不同，以冀速

售。」（愧郯錄卷九）

宋代官府，除印書外，尙印造交子、鈔引及會子。『交引庫，在太府寺門外，專印造茶鹽鈔引。』（夢粱錄卷九）『印造新會屋宇器具，雖已素備，其時所放散造會工匠，並宜盡行拘上，廩給加厚，勿憚小費，務在集事。』（蒙齋集卷九論會子劄子）但私家亦有雕造假會者，有時官吏且依勢令雕匠，造印假會（見朱子大全集按唐仲友狀），爾時雕印之盛，可見一斑。

宋時官府初有印經院，嗣撥賜寺院（見事物紀原），寺院印經所需人員，據王國維兩浙古刊本攷大藏經條云：

『紹興二年……雕匠作頭李孜、李敏，印經作頭密榮，掌經沙門法已，對經沙門行堅，幹雕經沙門法相，對經……都對經……』

寺院印經，除自印外，有由官府命令，施主捨印者。（並見前書）

九　陶器及瓷器工業

唐代將作監屬下有甄官署，『掌琢石陶土之事，供石磬人獸、碑柱、碾磑、瓶缶之器，勅葬則供明器。』（新唐書百官志）

江西通志云：『唐武德初，陶工獻假玉器，由是置務。』

六典中貢瓷器者有河南府，邢州。瓷器產地中心，據陸羽茶經云有越、鼎、婺、岳、壽、洪等州，杜甫有大邑瓷詩，則川產也、至於陶匠　則所在多有。唐末蜀主竟能役陶匠二十萬，造磚塞劍閣（鑒誡錄），都門附近，窰門亦多，且因皇帝的厭勝，而遭受打擊。奉天錄云：

『太史奏曰窰門出天子，有詔去城七里內諸窰盡廢之。』

宋代官府有二窰務，（事物紀原卷七）南宋亦有二窰，以造瓷器與陶器。產地之最著者，爲官、哥、汝、定。至於一般產地，則清波雜志，及輟耕錄引筆衡說較爲簡核，順錄如下：

『輝出疆時，見燕中所用定州器，色瑩淨可愛，近年所用者，乃宿泗近處所出，非眞也。饒州景德鎭，陶器所自出，於大觀間，窰變，色紅如朱砂……窰戶亟碎……仲檝……得數種……比之定州紅瓷器，色尤鮮明。越上祕色器，錢氏有國日，供奉之物，不得臣下用，故曰祕色。又嘗見北客言耀州黃蒲鎭燒瓷，名耀器，白者爲上……又汝窰，宮中禁燒，內有瑪瑙末爲油，唯供御，揀退，方許出賣。』

『宋葉寘垣筆衡云：本朝以定州白磁器有芒，不堪用，遂命汝州造青器，故河北唐、鄧、耀州悉有之……江南則處州龍泉窰……中興後……如烏泥窰、餘杭窰、續窰，皆非官窰。』

關於唐宋瓷器之詳節，可參閱波西爾中國美術卷下第七編。

在此處，似應附帶敍述製琉璃工業。唐代掌冶署之工作，有製琉璃一項（見新唐書百官志），李賀將進酒有『琉璃鐘，琥珀濃，小槽酒滴眞珠紅』之句，（見唐文粹卷十三）蘇軾藥玉盞詩，亦有『鎔鉛煮白石，作玉眞自欺』之語（見演繁露），唐宋兩代，婦女之釵環，多塗琉璃，或則純爲琉璃（新唐書、宋史、五行志），可見琉璃一物，爾時已極普遍，則製造琉璃工業，亦或甚爲發達也。猗覺寮雜記條云：『今俗所用者，皆消石汁，加以衆藥灌而爲之，尤虛脆不貞』，即其製法也。

一〇 糖及酒

『摩揭它，本中天竺屬國。貞觀二十一年，始遣使者自通，獻波羅樹，樹類白楊。太宗遣使，取熬糖法，卽詔揚州上諸蔗，榨瀋如其製，色味逾西域遠甚。』（新唐書西域傳）

『聞人茂德言，沙糖中國本無之，唐太宗時，外國貢至，問其使此何物，云以甘蔗汁煎。用其法煎成，與外國者等。自此中國始有沙糖。唐以前書傳言及糖者，皆糖耳。』（老學菴筆記卷六）

唐代私工業之造蘇乳輕餳者，已見前。淸異錄曾記有糖坊，云『糖坊中人，盜取未煎蔗汁盈盌啜之。』南北宋時糖業已極發達，都市中之糖食品，頗爲繁多，夢華錄及夢粱錄，記述綦詳。但賣沙糖者，當亦甚通行，由優人時以賣沙糖爲證，可以證之，澠水燕談錄云：

『敎坊雜劇爲小商，自稱趙姓名民，負以瓦甑，賣沙糖。』

× × ×

唐代官府釀酒者，有掌醞署。各州亦或官賣，官釀，以代酒稅。惟官賣麴時爲多。宋代諸州，亦循同一路徑，搖動於官賣麴、官賣、官釀酒、收酒稅之間（並見文獻通攷征榷攷），在宮內，則有內酒坊，據宋史太祖本紀云：

『建隆二年……三月丙申，內酒坊火，酒工死者，三十餘人，乘火爲盜者五十八人，擒斬三十八人，餘以宰臣諫獲免。酒坊使左承規，副使田處巖以酒工爲盜，坐棄市。』

唐代名酒，據國史補云：

『酒則有郢州之富水，烏程之若下，滎陽之至窟春，富平之石凍青，劍南之燒春，河東之乾和葡萄，嶺南之靈谿，博羅、宜城之九醞，潯陽之湓水，京城之西市腔、蝦蟆陵、郎官清、阿婆清，又有三勒類酒法。』

官府酒名，六典云有『秋清、酴醾、桑落等酒』。註云『今內有郢州春酒。本因其州出美酒，初張去奢刺史，進其法，今則取郢州人爲酒匠，以供御及時燕賜。』

宋代名酒，有『薔薇露』、『流香酒』（老學菴筆記）、『洞庭春色』（邵氏聞見後錄），『新蓬萊春酒』（貴耳集），『花露』（野客叢書）……北宋時汴京酒店最大者，稱爲正店，二等稱爲脚店（夢華錄）酤酒最佳者，爲『南仁和』（見玉壺清話）。各地造酒工業，亦極發達，觀於酒務之多，可以見之。（文獻通攷征榷攷）

一一　其他工業

製粉及碾米——唐宋兩代，除供自己家庭的消費外，見於册籍者，唐有麩行，宋代有麵店。(註)唐代的水碾磑，至宋代則多稱爲水磨，北宋汴京官府有東西水磨務。(見事務紀原及宋史太祖太宗本紀)唐代水磑，多者有二輪，五輪。(見酉陽雜俎)

(註)見夢粱錄，邵伯溫聞見後錄卷十七一條云：「王元之……家以磨麵爲生」

榨油——唐代燃燭，已多用植物油(見歷代社會狀況史甲編卷十一)元稹別莊之莊客輸油一次可至六七甕。(見前)皇帝以榨油工具，爲殺人利器：

『上怒，命力士裹以油幞，置於榨下，壓殺而埋棄之。』(唐語林卷五)

五代時蜀段相國父，以榨油爲業(鑑誡錄)。夢粱錄云：『處處各有……油醬……。』

被服——官府之裁造衣服者，宋有裁造院，唐有內庭局、奚官局。私工業方面，夢粱錄記有油靴店二，頭巾店七，腰帶店一，絲鞋一。武林舊事記有賣見成皮鞋的小經紀。北宋時，夢華錄記有賣衣服的市，及幞頭、腰帶、冠朶的作舖，與相國寺內之賣道冠、領袜者，清異錄記有油作舖，賣雨衣。唐代長安有大衣行，鞋肆，揚州亦有賣衣服，或成衣者，入唐求法巡禮行記云：

『作大衣廿五條，用一貫錢，作七條四百文，作五條三百文，總計一貫七百文。』（卷一，四八頁。）

製墨——唐代貢墨州分，有路州、易州、莫州（見六典）。宋代官府需墨，亦或採之兗、澤（見容齋隨筆），至於唐代名家，及宋代名匠，墨經記述頗簡核：

『凡古人用墨，多自製造，故匠氏不顯。唐之匠氏，惟聞祖敏。其後有易水奚鼎、奚鼐、鼎子超、鼐子起。易水又有張遇、陳贇，江南則李超，超之子……皆其世家也……歙州又有耿仁、耿遂……宣州則盛臣道……又有柴珣……朱君德，兗州則陳朗……近世則京師潘谷，歙州張谷。』

此外，則長沙墨亦頗有名，墨史云：

『李彥穎云：長沙多墨工，唯胡氏（桐華煙）墨千金獺髓者最著，州之大街之西，安業坊，有煙墨上下卷，永豐坊，有煙墨上卷。』

中國南北，因材料關係，墨遂有南北之分。

『北墨多用松煙，故色青黑……南墨用（桐）油烟。』（洞天淸錄集）

第六章　工業的行會

加藤繁在唐宋以後商人組織之行一文中（見新生命二卷十一號），曾指出『行謂同業商店的組織，同時又是同業商店的市區之意』。『唐代長安東西市之行，雖位置於市區以內，宋汴京杭州之行，則依實際的便利，都散在都城內各方面』。『唐的末葉，市區以外，有開商店的』，至於宋代，『行的內部，不止於同業商店，同時，行的外部，也有同類商店的組織』。並且說，『行於同業商店區，及行會外，用以指稱商業職業的種類』。『同業商店區的商人，組成行會，不始於五代以後，自唐代已有了。」

吾人將加藤氏全文研究後，深覺彼所用以證明商業的行的例——商業區與商店組織，均然——有許多，可認爲是工業的。例如他所舉出唐代市區之『肉行、衣行、鞦轡行、秤行、絹行、藥行、金銀行、魚行』中，除魚行、藥行、絹行，不能決然的認爲是工業的以外，其餘諸行，幾全可認爲是工業的。唐六典，對於工商的定義，如下：

『工作貿易者爲工，屠沽與販者爲商。』

商的定義，依照近今觀念看來，不免稍廣。事實上，屠沽在某種意義上，也是工業的。而上句對於工的定義，實極簡核了。六典中卽有工匠在市售貨的規則。宋代，工業的店舖、作坊，也依然在市貨賣。塵史云：

『都城相國寺，最據衝會，每月朔、望、三、八日卽開。技巧百工列肆，罔有不集。」

夢華錄中，卽有相國寺萬姓交易的記述，摘述一段如下：

「近佛殿，孟家道冠，王道人蜜煎，趙文秀筆，及潘谷墨占定。」

吾人於第四章一、二兩節內，已敍明作坊，在市場，及門市賣貨的實況，吾人於第三章內，已指明唐宋工業之最盛行的形式，是作坊。吾人更可斷言，一般作坊的生產量，實際上，只能供給當地的市場，或較大一點的市場，所以他們售貨的方式，亦以市場，門市交易爲主體。他們，自然在供給當地，及較大市場外，有有剩餘產物的可能；但爾時工業狀況，使吾人敢斷言，決無能供給都市中，平均包括數十百家商店之特種『行』的作坊。例如唐代，卽決不用有供給包括數十百家商店之『秤行』之製造秤的作坊。同時，吾人亦可斷言，爾時商業，亦不至有專售秤的數十百家商店也。因此吾人認爲加藤氏引證之數行，不是商業的，而是工業的。並且，吾人，亦可舉例以證明工業店區或組織，有名爲行者。夢華錄云：

『穿馬行街，東西兩巷，謂之大小貨行，皆百工技巧所居。』（卷二）

夢梁錄云：『做靴鞋者，名雙線行。』（卷十三）

百工技巧所居，及『做者』的組織，稱爲行，自然這是工業的行，而非以販賣爲職的商業的行了。（註）

（註）工業店區，亦有不名爲行者，如唐代長安之「冶成坊」（見前）宋代汴京之「繡巷」，「襪𥓍巷」，（見夢華錄）長沙之「煙墨上下巷」（見前）

還有，加藤氏曾指明『行』，用以指稱商業職業的種類。吾人亦可證明『行』，是工業技藝的種類。全唐詩織錦人也註云：

『盧氏雜說云：盧氏子失第，徒步出都城，逆旅寒甚。有一人續至，附火，吟云云，盧愕然以爲白樂天詩。問姓名，曰姓李，世織綾錦，前屬東都官錦坊，近以薄技投本行。』詩云：

『學織繚綾功未多，亂拈機杼錯拋梭，莫教官錦行家見，把此文章笑殺他。』（卷廿八）

因加藤氏所舉的商業的『行』的例，多可認爲是工業的『行』，所以他所證明的商業的行，由商店區變到同業組織，更引伸而爲職業種類的實際過程，也可推之於工業的『行』。這就是說，工業的『行』，也由區域而成爲同業組織，更引伸而爲技藝種類。因他的例證很多，我們無需再多費辭，讀者可參閱彼文。

工業區域，名爲行的實例，除前舉之『肉行、衣行（按兩京雜記，應爲大衣行。更據事物紀原 大衣疑即禮服），鞦轡行、秤行、金銀行』外，加藤氏文內，尚有『釘行、梳行、鐵行』，酉陽雜俎有『麩行』、『席帽行』（老學菴筆記中者，爲成都，太平廣記三九〇變澤條引逸史者，爲鄧州）夢華錄有『大貨行，小貨行』。此外淸異錄之『茅行』，似亦可歸入此類。『茅行』紀事如下：

『長安人物繁，習俗侈，喪葬陳拽寓像，其表以綾絹金銀者，曰大脫空，楮外而設色者，曰小脫空，製造列肆茅行，謂之茅行家事。』（大小脫空條）

工業店舖組織，名爲行者，夢粱錄有『方梳行、銷金行、冠子行，做靴鞋者名雙線行，鑽珠子者名散兒行』，西湖老人繁盛錄有『金漆桌櫈行、靑器行（？）處布行（？）、紙扇行、麻線行。』（註）

（註）太平廣記二四三竇某條引乾𦠆子云，『與斧鉞匠人，議伐其樹，自梢及根，合各長二尺餘斷之，厚與其直，因選就木材及陸博局數百鬻之木行。』木行或卽木匠舖之別稱，亦或木匠舖行也。

不過在『行』名以外，尙有名爲『作』的工業組織。夢粱錄云：『市肆謂之團行者，蓋因官府回買而立此名，不以物之大小，皆置爲團行，雖醫卜工役，亦有差使，則與當行同也。……其他工役之人，或名爲作分者，如碾玉作、鑽捲作、篦刀作、腰帶作、金銀打鈒作、裹貼作、鋪翠作、裱褙作、裝鑾作、油作、木作、甎瓦作、泥水作、石作、竹作、漆作、釘鉸作、箍桶作、裁縫作、修香澆燭作、打紙作、冥器等作分。」（卷十三）（註）

（註）夢華錄卷五風俗條云：「士農工商，諸行百戶，衣裝各有本色，不敢越外，謂如香鋪裹香人，即頂帽披背……」

上述之『作』，按原文尋繹其意，自是一種組織，準備應付官府回買，或差使者也。『作』字，唐時已有，宋代亦甚通行，惟多爲工廠內部分部之名（見第二章第一節），尚無釋爲工業組織者。夢華錄之『酒食作匠』，實已係工匠組織，淸異錄之『油作舖』，則作坊名稱，皆非工業店舖，或技藝人的組織。不過因夢粱錄另外尚記有裱褙舖、腰帶舖、柏燭舖等等舖席，及『自五間樓北至官巷南街，兩行多金銀交易舖，……幷諸作分，打鍛、鑪鞴、紛紜無數』之打鍛、鑪鞴，皆應在作分之內。所以我們認爲『作分』的內部，至少一部份應是店舖的組織，並且因爲『作』字，代表工業店舖的組織的事，未見於唐代，及北宋，故假定『作』字之此種意義，或起源於南宋。（作字代表工人組織之說明，俟後）

× × ×

唐代長安的行數，據加藤氏引長安志云，東市有二百二十行，更據入唐求法巡禮行記會昌三年七月

『廿七日，夜三更，東市失火，燒東市曹門以西十二行四千餘家。』

可見唐代長安東市被燒之十二行中，每行已將及四百家矣，宋代汴京之行數，雖不可知，而各行之總家數，經熙寧間徵收免行錢，而強迫原未在行之戶，

亦必投行之結果，據文獻通攷市糴攷云：

「元豐三年，詔免行月納錢不及三百者，皆除之，凡除八千六百五十四人。」加藤氏文引續通鑑長編元豐八年九月條云：

「按在京諸色行戶，總六千四百有奇，免輸官中祗應。一年共出緡錢四萬三千三百有奇。」

宋代爲徵收免行錢，故將行戶分爲上中下三等，前例所除者，應係下等行戶。後例出錢者，或中、上行戶。以此數約略推計，則每行家數、各行總家數，在都城中，由唐至宋，已激劇的減少。吾人深知，唐宋之『行』，兼包工商在內。總數既少，則工業的各行家數，總家數，當亦行減少也。至於各行總家數，特別是工業的行的總家數減少的原因，雖云唐宋二代國力富力，各有差異，但經推究，似亦可發現其他原因：

（1）唐代官業工匠，主要的是番匠，即各地工匠，赴都城或各地官廠上番是也。番匠，因在官工廠內，學得較高的技術，同時，又羨慕都城的繁華，及銷貨之容易，遂留居於京師，開業應市。甚或久隸官業工廠的工匠，亦得退休，投充本行，如全唐詩之織錦人，即其例也。因此，唐代京師各行家數衆多。宋代官業工廠之匠人，多爲招募而來，招募所得之匠人，自應永衡的就業，而不能開設作坊，以故，宋代都城各行家數、總家數，相對的減少。

（2）唐代工匠，開設作坊，似尚容易。及乎北宋，工匠開設作坊，或較困難。少數有雄厚資本之師傅，得以雇用多數之工匠。例如：

『凡餅店……每案用三五人，按劑，卓花，入爐。自五更，卓案之聲，遠近相聞。唯武成王廟前，海州張家，皇建院前鄭家最盛，有五十餘爐。』（夢華錄卷四餅店條）

以今日北平之賣燒餅者推之，則每爐至少需一人。五十餘爐，卽需五十餘人矣。此五十餘人，固不能全是徒弟，至少應有一部工匠在內。工匠本能開設作坊，而不開作坊，反受雇於人，則必有其原因存在。依吾人之推測，恐卽因缺少資本故也。工匠之不能開設作坊，而不願受人雇用者，則不得已而流爲『盤街者』，『小經紀』之流，觀於夢華錄、夢粱錄之諸色雜賣條，及武林舊事之小經紀，卽可明瞭矣。

(3)大作坊主，在宋代時，已盡量壓迫小作坊。宋代市易務之設，目的固在抑兼幷之家，如：

『安石曰：買梳朴者，爲兼幷所抑，久留京師，乃至經待漏乞指揮。臣喻令自經市易務。此事非中所管。尋聞呂嘉問才買梳朴，兼幷卽欲依新法占買。嘉問仍悉儥與近下梳鋪。此所以通利商賈，抑兼幷榷估市井……』(加藤文引)

而實際上，市易務，確助大作坊，壓迫小作坊：

「才立法，隨有指揮，元不係行之人，不得在街市賣易，與納免行錢人爭利。仰各自詣官，投充行人，納免行錢，方得在市賣易。不赴官自投行者，有罪，告者有賞。此指揮行凡十餘日之間，京師如街市提瓶者，必投充茶行，負水、擔粥、以至麻鞋頭髮之屬，無敢不投行也。」（文獻通攷市糴攷）

吾人所舉二例之前例中之「梳朴」，當即刻梳之木料，大梳舖欲低價買之，致使賣梳朴者，不得不輾轉投市易務。市易務既買之後，大梳舖又欲依法占賣，市易務乃本抑兼幷之原則，而直接散與梳舖。此固可視爲大梳舖欲在原料購買上，壓迫小梳舖之例也。後例，則指明大行戶假市易務之行，除使小行戶担負免役錢外，更推及之於一般本不在行之戶也。在原料購買壓迫之下，小行戶之存在，已岌岌可危，而在納免行錢之下，又重遇剝削，工匠之無雄厚資本者，固不敢開業，即已開業之小作坊，恐亦不免瀕於危險也。以此，而宋代作坊，或小行戶，不得不相對的減少。夢華錄之大小貨行，固可見百工作坊之少，實際上，即將在二巷以外之作坊合計之恐亦少於唐時也。

（4）吾人臆測唐代都市爲量尚少。而至宋代，各州縣城市，似已發展，觀於宋人筆記提及各地市況者，可以見之。唐代因都市少，故都城各行家數總家數多。宋代都市多，故都城行戶總數，反因分散，而相對的減少。

以上，爲吾人對於唐宋二代都城行戶數量之遞減，臆測其原因之略述。惟宋代各行家數，雖漸減少，而行數，似因工業技術進步，競爭劇烈，開業較難，反見增多。據西湖老人繁盛錄，杭州行數，已至四一四矣。

×　×　×

吾人深知唐代之行，即有行頭，他種職員，則書缺不詳。行或行頭之職務，一爲監視行戶之非法行爲：

『貞元元年……自今以後有人交關用欠陌錢者，宜但令本行頭及居停主人，牙人等檢察送官，如有容隱，兼許賣物領錢人糾告，其行頭、主人、牙人重加科罪。』（圖書集成食貨典三八六引册府元龜）

二爲組織，指導行人祭神，或向神獻禮。

『吳太伯廟，在東閶門之西，每春秋季，市肆皆率其黨，合牢醴，祈福於三讓王，多圖善馬綵輿子女以獻之，非期，亦無虛日，乙丑春，有金銀行首，糾合其徒，以綃畫美人，捧胡琴以從。』（加藤氏文引）

『每遇神誕日，諸行百戶，俱有會迎獻不一。如府第內官，以馬爲社，七寶行，獻七寶玩具爲社……然諸寨建立聖誕者，俱有社會，則諸行亦有獻供之社。』（夢粱錄十九、社會條）

三爲謀共同的利益，如肉行之建言納錢，免諸處送肉（見加藤氏文），及行戶因計利者，建言免行錢之設，及應改良之點（見文獻通攷廿・市糴攷）等等。

四爲規定物價，如夢粱錄所云之『且言城內外諸鋪戶，每戶專憑行頭於米市做價，徑發米到各鋪出糶』及加藤氏文中引用之茶行，固皆商業的行的例證。但上文之梳朴客人，當亦係遇到梳行大戶，規定原料價格太底的厄運。至於規定貨品出售的價格的實例，雖不能證明其爲行頭規定者，但亦可證明『行』實規定之也。例如下：

『公先呼作坊至……餅師曰，自都城離亂以來，米麥起落，初無定價，因襲至此，某不能違衆，獨使賤也。』（春渚紀聞卷四宗威愍政事）

五爲輪派應付官中祗應。宋代行之最大功用，爲應付官中囘買，或差使。但行戶之應付囘買、差使者，有『輪差』之說，則『輪差』時，必有分派之舉，此種工作，疑卽行頭之職務，或行的會議的職務也。

× × ×

總括說來，唐代都城之『市』，以近義釋之，卽工商區。特種的工業區，則名行，如秤行。及乎宋代，代表工業區的行，遺存下的，只有大小貨行。而『行』，通常均變爲工業作坊的組織，商店區的行，自然也變爲商店組織。到南宋時，同業工業作坊的組織，又有稱爲『作分』者。

唐代的『行』，是工業區域的組織，故或以作坊爲單位。更由於唐代各行家數衆多，使吾人相信，作坊當極小。故『行』之組織，雖爲區域的，且以作坊爲單位，實際上，當亦近於師傅，與工匠的組織。

宋代的『行』，已非區域的組織，而是同業的組織。不過宋代在免行錢實行前，已有許多不在行者；免役錢實行後，又先『約諸行利入厚薄，納免行錢』，次將行戶分上中六三等：更許月納錢不及三百之人，免納免行錢，則『行』在初時，應爲同業商店，或同業作坊的組織。免行錢初行時，似乎『行』，是同業商店，或作坊，及同業的工匠的混合組織。及乎放免下戶後，則『行』，實已爲純粹的同業商店或作坊組織矣。

× × ×

在上述諸作坊組織的行以外，就吾人瀏覽所及者，亦曾發現不開設作坊的純工匠的組織。如前引夢粱錄之泥水作、磚瓦作、石作，卽爲工役之人，石匠，泥水匠、磚瓦匠的組織。更據加藤氏於引證夢華錄之『凡雇覓人力，幹當人，酒食作匠之類，各有行老引領』之後斷云：『同業商人組織的風氣極盛，人夫，及其他的職業，都仿而立行，置行老。』使吾人極願進究唐宋時代，在作坊組織的行以外，純由工匠組成，而類似近今之工會的組織的情況。夢華錄卷七，駕幸臨水殿，觀爭標賜宴條云：

『又有虎頭船十隻，上有一錦衣人，執小旗，立船頭上，餘皆着青衣，長頂頭巾，齊舞棹，乃百姓卸在行人也。』

同書卷一外諸司條云：

『……諸倉約有五十餘所，日有支納。下卸即有下卸指揮兵士。支遣即有袋家，每人肩兩石布袋。遇有支遣，倉前成市。』

兩條對比看來，使吾人相信『卸在』，即『卸載』之誤，『卸在行』，即『卸載行』，乃碼頭裝卸工人之行也。由此可見北宋時代，碼頭裝卸工人，已有組織，前例之賽船，即彼等卸在行所組織的賽船隊也。推而言之，他種熟練工匠，與不熟練工匠，亦似應有組織也。前述之夢華錄之『酒食作匠，各有行老供雇』之語，當與同書之下列二則，對照觀察之：

「儻欲修整屋宇，泥補墻壁，生辰忌日，欲設齋僧尼道士，即早辰橋，市，街、巷口，皆有竹木匠人，謂之雜貨工匠，以至雜作人夫、道士、僧人，羅立會聚，候人請喚。謂之羅齋、竹木作料，亦有鋪席，磚瓦泥匠，隨手即就。」（卷四）

「凡民間吉凶筵會，椅棹陳設器皿，合盤酒擔動使之類，自有茶酒司管賃；喫食下酒，自有廚司；下帖請人……自有……白席人，總謂之四司人。……亦各。。。。有地分，承攬排備，自有則例，亦不敢過越取錢。」（逖四）

由上二例，固可知供給雇主筵會之便利，及街市出賣勞動力之工匠之會聚。但更由『各有行老供雇』一語看來，可知彼輩已組成『行』；更據『各有地分』一語推之，可知行老，或即某一地分某行之行老，更進而究其極，則『各有地分』，實即經過協議而瓜分市場之結果。如此，則協議瓜分市場之時，固應有更大的『行』，包括全都城的『行』的存在也，瓜分市場之事，固不僅酒食作匠，夢華錄中，尚有水夫，夢粱錄中，更有糞夫。由是，吾人得知，某種工人，或工匠，已組成全都城的行，更因瓜分市場，而派生出各『特定範圍』的行，行皆置行老，以便與雇主接洽，或與鄰區之行，有所接洽。在北宋末行免行錢前，及取消免行錢後，此種工匠的『行』，當亦爲供應官府差使之組織，及乎南宋，『作』，遂行出現。夢粱錄所舉之作，在泥水作、磚瓦作、石作之外，尙有許多作分。其中似應有不少開設作坊或鋪席的。但夢粱錄，明指爲工役之人，官府亦或僅以『差使』爲目的，而不暇分別其爲開設作坊之工匠，或不開作坊者，故最好，將牠看作純工匠的組織。

宋代郡縣工匠，亦有組織，以應付官府差役，但名稱極不明顯，不過由於有『當行』一詞，疑亦稱爲『行』也，例如後：

『今世郡縣官府，營繕創締，募匠庀役，凡木工，率計在市之樸斲規矩者，雖居鄽枝，無能逃。平日皆藉其姓名藉差以俟命，謂之當行。間有幸而脫，則其

儕相與挽訟之不置，蓋不出不止也，謂之糾差。』（愧郯錄九京師木工條）

上述諸節，多爲兩宋都城，及郡縣之純由工匠組成的行，或作的實例。吾人將進而研究唐代。

由前文所述，吾人已知唐代都城，『行』已通行，惟所謂『行』者，初爲同業工業市區，次漸有同業作坊的組織的意義，並由於行家數太多，作坊因而甚小，而『行』之組織，亦近似師傅與工匠的組織。但關於純由工匠組成的『行』，則材料缺乏，難加論述。至於都城以外，各州縣範圍內，則可有些微的材料，以供研究。新唐書百官志云：

『凡工匠，以州縣爲團，五人爲火，五火置長一人。』

第二章內，已說過唐代工匠，例須上蕃應役，否則即須納資。政府爲統治工匠，徵發之便利，及徵收資錢，以幫貼長上匠（見第二章第二節）之便利起見，自然，對於都城以外之工匠，强使之組成團火。關於火的例證，第二章內，已徵引詳盡，玆不贅。特前擧之例中之『火』，多爲伐木者，其他工匠之實例，則未之見耳。不過新唐書之文，迹似法令、制度，吾人或可推言其必及於一般工匠也。中山詩話云：『南方賈人，各以火自名，一火猶一部也。』塵史引『孫積中曰，夫伐木於山者，其火隊既衆，則各刻其名，以爲別耳。』可知直至北宋，『火』字，尚通行於工商界，則唐代『團』『火』組織之影響，應至深刻也。即以近今言之，『伙計』、『伙伴』之稱，仍甚通行，雖有云爲古代軍隊組織，有『火』一級之影響者，但以『伙計』一詞，通行於工商界之例觀之，則軍隊組織之影響之說，未必可靠，反而工匠『團』『火』之影響，當更近似也。

唐代之『團』『火』中之工匠，是否有開設作坊者，頗是疑問。惟據一般推測，至少應有一部份在州縣城市中，開業應市者。此種工匠，由事實的推易，經濟狀況的發展，亦或使彼等另外採『行會』的形式。宋代長沙有烟墨上下巷，可知州縣作坊，亦或集中於一處。而唐代揚州之金銀行，崑山之釘行（吳地記），鄧州之席帽行（見前），皆州縣之行之例也。

但唐代之『團』『火』，純爲應付官府之差役、納資，或率資以幫貼長上匠而設，故在組織上，當以工匠爲主。並且在官府方面，亦或只以工匠看待，而不暇分別彼等爲開設作坊之師傅，或受雇之工匠也。

更按照爾時都會發達狀況推斷，似乎工業，尙不能認爲已完全集中於都市，鄉村中，不開作坊，而以日工形式出雇之工匠，當亦不少。直至南宋，州縣之皮鐵匠，朱熹尙認爲是『遠鄉農民』（見朱子大全集廿與曾左司事目劄子），可見南宋時，鄉村工匠，尙以農業爲主業，工業爲附業，是則工業發達遠不如宋之唐代，此類工匠，似當更佔重要地位。因此，吾人似可斷言唐代的『團』，『火』，大部份爲純工匠的組織、彼等皆不開作坊，而以出雇勞動力爲生者。

由此，吾人發見唐代『團』、『火』，與宋代之工匠組成的『行』及『作』間的相同點。吾人似可斷言其大部份皆爲工匠組織也。

此外，太平廣記七四陳生條引逸史云：『偶至延陵，到傭作坊，求人負擔藥物，却歸山居，以價錢多不肯。』州縣既有專門應付雇主的傭作坊，則都城中，亦似應有此類作坊，或者都城中，亦有工匠組織的『行』『火』，特書缺有簡，不能斷言耳。

× × ×

最後，吾人將就瀏覽所及之唐宋册籍內，擇舉專名，或出雇的工匠名稱，以見爾時工匠之種類。重複者不再舉。

『脩補制勅匠、裝潢匠、熟紙匠、筆匠、錫匠、酒匠、醬匠、酢匠、豉匠、殖醯匠，綾匠』（新唐書百官志），『玉工』（太平廣記霍小玉傳）、『匠餅者、井匠、淅米匠』（酉陽雜俎）、『陶匠』（鑒誡錄）、『漆匠』（茅亭客話）、『銀匠』（東軒筆錄）、『染工、鍛工』（洛陽舊聞記）、『甲人、弩人、匠人』（玉壺）、『齒鞋匠』（唐語林）、『鑄匠、銅工』（宋史食貨卷）、『木工』（愧郯錄）、『桶匠』（澠浦靜語）、『扇工』（清波雜志）、『犀玉工』（春渚紀聞）、『挽綜之工、用杼之工、練染之工』（蜀錦譜序）、『船匠』（容齋四筆）、『鐵工』（嶺外代答）、『刊字工匠、塑佛工匠、雕匠、印匠、裱褙匠、皮鐵匠』（朱子大全集）、『造金甌瓦頻茄鷗獸匠人、造青棍甌瓦匠人、石匠人、木匠人、碩匠』（金石萃編續編）『車工、鏡匠、削師、鋸匠』（散見太平廣記）『鏇工』（舊唐書一六五柳仲郢傳）『錦工』（事物紀原卷六綾錦條）。

第七章　結論

前五章內，已將唐宋官私工業，約略研究一過，由上述的研究，吾人可得出下述的結論：

唐宋官工業的種類，設場地點，實一脈相承者居多。不過宋代，因一般工業的發達，而設場數目，亦行增加。

唐宋官工業之勞動者之最大的不同點，是唐以短蕃匠爲主體，而宋以招募匠爲主體，但宋代招募工匠，實亦有其淵源，茲略言之。

唐代雖以短蕃匠爲主體，但法令上，已許匠人納資而不上蕃，并許匠人幫貼某一匠人作長上匠，由於蕃匠上蕃，例須曠廢時日，困於跋涉，則匠人憚役。更由於納資數量不大(註)，且國家安定，成品銷售頗易，卽云出雇，亦易於尋求雇主，則一般應上蕃之匠，自樂於納資。由納資與長上匠二途，遂使一般工匠，無須上蕃；長上匠，雖是受同人的幫貼，但幫貼又爲州縣代收，上於少府將作轉發，實際上，已等於工資。雖長上匠，無明資匠之名，而實已近之。更加以唐中葉以後，變亂相循，各道多行獨立、割據，國家工業，向來卽已不堅持之蕃匠制度，自不免崩潰，而趨於招募一途。前數章中，對於唐代募匠，和雇匠人之事，已累再言之矣。由唐初之變通辦法的納資、長上匠、中葉後之暫時辦法的招募，沿襲至宋，遂成爲制度而與兵制混同，兵匠不分。故元代破宋以後，仍宋之舊，遂得以有所謂造作軍人者，更得以俘虜多數的官業匠人，另置局院，勒令造作。

（註）當與丁庸相差不多。

由唐代的上番、納資，遂沿襲成宋代的『當行』。『當行』一詞，旣包括輪差官中和買、祇應，又包括應役、輪差的差役。降至元代，各路有局分無局分人匠，遂有常課生活，按時繳於轉運司之命令。（元典章廿二運司合行事理）

唐代官工業勞動者，奴隸刑徒，亦佔有相當位置。故達官富人，常有『丁匠官奴』之語，降至宋代，則極行減少，只史上偶有營婦配諸作坊者並行放免的詔令，可見官奴隸之從事工業者，爲數不多，且多行放免。

唐代官業工匠的工資，大概初期多爲現物的絹與食糧，及中葉而後，遂成爲錢米二項。降及宋代，仍沿其舊。但亦偶有將糧折爲錢者。至於元代，仍支二色。

唐代，已有類似包工的作頭，他們役於官府時，『受祿三倍』，似乎指明唐代官業中，已有工程師，監工一類的人物，他們以製圖，指揮工人為職責。至於宋代，則官業之各部門中，已多有作頭矣。

唐宋私工業之最通行的形式，為作坊，或坊。北宋時代，作坊一類的店舖，已有發展為能雇用五六十人的店舖。至於南宋，則作坊的營業，似已趨於極端專化，武林舊事所述之作坊營業，有『熟藥圓散、生藥飲片、麩麵、糰子、饅頭、爊炕鵝鴨、爊炕猪羊、糖密棗兒、諸般糖、金橘團、灌肺、饊子、萁豆、印馬、蚊烟』，可見一班。作坊貨品的銷售方式，在市場售貨、門市交易以外，已有供給零售商店，或擔販者，批發者，自然久已發生。

工廠手工業，唐代正在富商大賈卵翼之下，出現於某種工業，至於宋代，則更由印書，而推行於其他工業。作坊之大者，亦漸趨於工廠手工業的形式。大作坊，或手工業工廠，已多方與小作坊競爭。

莊園、寺院、家庭工業，在唐代，似亦有地位。至宋代似乎不甚通行，卽極不易與農業分離的紡織業，也漸漸與農業分離，形成特殊的機戶。

雇傭工匠，在兩代，皆極普遍。唐代在官府強制之下，組成『團』『火』，宋代在都市中，已形成瓜分市場的行會組織。卽極不熟練的碼頭工人，也組成『卸行』。

宋代中葉以後，由於商業發達，在工業經營形式方面，漸漸增多了工廠手工業的組織，在交易方式方面，發展了批發定貨兩種形式，定貨之特殊形式，已有只賣商標的商業資本家。在另一方面，商業發達，大作坊，手工業工廠興盛的結果，使小作坊破產，作坊數目減少，小經紀、盤街者流，日日增加，而各種『有地分』的作匠組織，遂亦出現。

工業品的種類，則已極繁複。而工業中心地域，唐代以黃河流域、四川為最，及乎宋代，則漸有南趨的形勢。

唐代工業的『行』，初爲特種工業區，如秤行。因各行家數衆多，故『行』雖爲市區的組織，以作坊爲單位，實已近於師傅與工匠的組織。及乎宋代，工業區制，多數已破壞。『行』，已爲同業店舖的組織，以應付官府科買、差使者。宋代的『行』，由於初時，有許多應在行者，而實不在行，及免行錢實行後，下等行戶，又得免納免行錢，故『行』實際上，已是作坊組織，或者可以說是工業界中之中上等等行戶的組織。不過上述之『行戶』，亦需供應官府差役也。但此時，又有另外的純工匠的『行』，他們在平時，瓜分市場，免除競爭。應付官府差役時，則糾集匠人以『當行』。純工匠的『行』，在唐代，當以『團』、『火』，爲其先驅也。